Überwinde, was dir weh tut

Ein praktischer Leitfaden zur Überwindung vergangener Traumata und zum Aufbau innerer Widerstandskraft

KATY ROBIN

An diejenigen, die Schmerzen ertragen haben und immer noch die Kraft finden, Heilung zu suchen:

Dieses Buch ist den starken Menschen gewidmet, die sich mutig und anmutig ihren Wunden stellen. Mögen Sie das Licht in Ihnen entdecken und sich weiter entwickeln, erholen und gedeihen. Ihre Geschichte inspiriert andere und Ihr Mut ist für sie ein Hoffnungsschimmer.

Obwohl emotionale Narben und Traumata häufige Erfahrungen sind, geben sie uns häufig das Gefühl, allein zu sein und falsch interpretiert zu werden. Die Motivation hinter dem Schreiben dieses Buches bestand darin, diese Lücke zu schließen und jedem, der sich unter den schwierigen Bedingungen der Genesung befindet, einen Leitfaden zu bieten. *„Über das hinwegkommen, was dich verletzt"* zielt darauf ab, allen zu helfen, die Schmerzen erlebt haben und versuchen, diese zu überwinden, indem ihnen emotionale Unterstützung, hilfreiche Ratschläge und ein Gemeinschaftsgefühl geboten werden.

Ich habe persönlich miterlebt, welche enormen Auswirkungen ungelöste Traumata auf unser Leben haben können, weshalb ich dieses Buch geschrieben habe. Vergangene Traumata können uns runterziehen, unser Glück einschränken und unsere Beziehungen schädigen. Allerdings habe ich auch aus erster Hand die erstaunliche Veränderung gesehen, die sich aus der Behandlung und Heilung dieser Wunden ergibt. Es ist eine Anstrengung, die Mut, Geduld und Selbstmitgefühl erfordert, aber auch zu einer bedeutenden persönlichen Entwicklung und Befreiung führt.

„Über das hinwegkommen, was dich verletzt" ist ebenso ein Heilungswerkzeug wie ein Buch. Jedes Kapitel befasst sich mit einem bestimmten Aspekt von Trauma und Heilung und bietet Perspektiven, reflektierende Fragen und Übungen, die das Wachstum fördern. Dieses Buch bietet Werkzeuge, die Sie auf Ihrem Weg unterstützen, unabhängig davon, wie lange Sie bereits auf diesem Weg sind oder gerade erst mit dem Heilungsprozess begonnen haben.

Die Absicht besteht darin, Ihnen die Werkzeuge an die Hand zu geben, die Sie benötigen, um Ihr Leben vom Ballast der Vergangenheit zu befreien. um Ihnen zu zeigen, dass Genesung möglich ist und Sie nicht allein sind. Dieses Buch ist eine Ressource, die Ihnen dabei hilft, Ihr inneres Licht wiederzuentdecken, und ein Denkmal für die Widerstandsfähigkeit des menschlichen Geistes.

Inhaltsverzeichnis

EINFÜHRUNG

„Aus dem Leiden sind die stärksten Seelen hervorgegangen; die massivsten Charaktere sind von Narben übersät.“

Khalil Gibran

Das Leben überrascht uns manchmal, wenn wir es am wenigsten erwarten. In einem Moment gehen Sie Ihrem Tag nach – vielleicht trinken Sie einen Kaffee, scrollen durch Ihr Telefon oder machen sich auf den Weg zur Arbeit – und im nächsten Moment zerbricht Ihre Welt. Es kann sich um einen Anruf mit verheerenden Nachrichten, einen plötzlichen Unfall oder eine Begegnung handeln, die Sie ins Wanken bringt. In diesem Moment ändert sich alles. Der Boden unter Ihren Füßen verändert sich und Sie müssen sich mit einer neuen Realität auseinandersetzen, die Sie nie erwartet hätten.

Trauma diskriminiert nicht. Es kann jeden, überall und jederzeit treffen. Vielleicht ist es der Verlust eines geliebten Menschen, ein tiefgreifender Verrat oder eine Gewalttat, die unsichtbare Narben hinterlässt. Für manche sind es Kindheitserlebnisse, die sie bis ins

Erwachsenenalter verfolgen. Für andere ist es eine Reihe kleiner, scheinbar unbedeutender Ereignisse, die sich mit der Zeit verstärken und das Gefühl von Sicherheit und Selbst schwächen.

Wenn ein Trauma in unser Leben eindringt, betrifft es uns nicht nur im Moment – es wirkt sich auf jeden Aspekt unserer Existenz aus. Plötzlich wird der einfache Akt des Aufstehens zu einer monumentalen Aufgabe. Das Essen verliert seinen Geschmack, die Farben wirken stumpfer und die Welt fühlt sich wie ein bedrohlicher Ort an. Der Schlaf wird schwer fassbar und durch Albträume oder endlose Stunden der Wiederholung von Ereignissen in Ihrem Kopf ersetzt. Beziehungen werden unter der Last Ihres Schmerzes belastet, da Sie Schwierigkeiten haben, mit anderen in Kontakt zu treten, oder Sie feststellen, dass Sie auf eine Art und Weise zuschlagen, wie Sie es noch nie zuvor getan haben.

Die langfristigen Auswirkungen eines Traumas können sogar noch heimtückischer sein. Es verdrahtet unser Gehirn neu und hält uns in einem ständigen Kampf-, Flucht- oder Erstarrungszustand. Wir entwickeln Bewältigungsmechanismen, die uns im Moment vielleicht gute Dienste geleistet haben, uns jetzt aber zurückhalten. Vertrauen wird zu einem Luxus, den wir uns nicht leisten können. Freude fühlt sich wie eine ferne Erinnerung an. Wir bewegen uns durch das Leben, als würden wir zusehen, wie es jemand anderem passiert, losgelöst von unseren eigenen Erfahrungen und Emotionen.

Aber hier ist die Wahrheit, die oft in der Dunkelheit eines Traumas verloren geht: Heilung ist möglich. Im Moment fühlt es sich vielleicht nicht so an. Vielleicht lesen Sie diese Worte und denken: „Nichts für mich. Mein Schmerz ist zu tief. Meine Wunden sind zu wund." Ich verstehe es. Ich war dort. Aber ich verspreche Ihnen, es gibt Hoffnung.

Hoffnung kommt nicht immer mit Fanfare. Es ist nicht immer eine blitzartige Inspiration oder eine plötzliche, wundersame Genesung. Manchmal ist die Hoffnung so leise wie ein Flüstern, so subtil wie ein leichtes Nachlassen der Last auf der Brust. Es sind die Momente, in denen einem klar wird, dass man gelacht hat, ohne sich schuldig zu fühlen, oder wenn man das Blühen einer Blume bemerkt und einen Anflug von Wertschätzung für ihre Schönheit verspürt.

Diese kleinen Zeichen der Hoffnung sind überall und warten darauf, dass wir sie bemerken. Es kann die Freundlichkeit eines Fremden sein, ein Lied, das zu Ihrer Seele spricht, oder eine Erinnerung, die Ihnen trotz allem ein Lächeln ins Gesicht zaubert. Achten Sie auf diese Momente. Es sind keine zufälligen Ereignisse – sie sind Lebensadern, Erinnerungen daran, dass Ihre Fähigkeit zur Freude und Heilung intakt bleibt, auch wenn sie tief vergraben ist.

Der Beginn Ihrer Heilungsreise kann sich überwältigend anfühlen, besonders wenn Sie noch mitten in Ihren Schmerzen stecken. Aber das Schöne an der Heilung ist, dass Sie nicht alles verstehen müssen. Sie müssen nicht den gesamten Weg kennen, der vor Ihnen liegt. Sie müssen nur einen kleinen Schritt machen und dann noch einen.

Ich weiß das, weil ich diesen Weg selbst gegangen bin. Mein Trauma kam an einem gewöhnlichen Dienstagnachmittag. Ich war bei der Arbeit und konzentrierte mich auf einen Projekttermin, als mein Telefon klingelte. Die Stimme am anderen Ende war die meiner Schwester, aber ich konnte sie an ihrem Schluchzen kaum erkennen. Unsere Eltern hatten einen

Autounfall. Papa hat es nicht geschafft. Mama befand sich in einem kritischen Zustand.

In diesem Moment brach meine Welt zusammen. Alles, was ich über das Leben, über Sicherheit, über die Zukunft zu wissen glaubte – alles brach zusammen. Die folgenden Tage waren ein Durcheinander von Beerdigungsvorbereitungen, Krankenhausbesuchen und einer so tiefen Trauer, dass ich dachte, sie würde mich ganz verschlingen.

Ich habe die Bewegungen des Lebens durchlaufen, aber ich war nicht wirklich da. Ich habe Freunde weggestoßen, die versucht haben zu helfen, weil ich überzeugt war, dass sie es unmöglich verstehen könnten. Ich stürzte mich in die Arbeit und dachte, wenn ich genug beschäftigt bliebe, könnte ich meinen Schmerzen entkommen. Aber einem Trauma kann man nicht entkommen. Es folgt Ihnen und dringt in jede Ritze und jeden Spalt Ihres Lebens ein.

Der Wendepunkt war für mich nicht dramatisch. Es war keine plötzliche Offenbarung oder eine wundersame Genesung. Es war eine Reihe kleiner Momente, winziger Entscheidungen, die mich langsam und schrittweise zu mir selbst zurückführten.

Ich erinnere mich an den Tag, an dem ich endlich zustimmte, einen Therapeuten aufzusuchen, nachdem ich monatelang darauf bestanden hatte, dass es mir „gut" ginge. Ich saß in ihrem Büro und war fest entschlossen zu beweisen, dass ich keine Hilfe brauchte. Aber als ich anfing, wirklich darüber zu reden, was passiert war und wie ich mich fühlte, veränderte sich etwas. Zum ersten Mal seit dem Unfall hatte ich das Gefühl, gesehen zu werden. Ich fühlte mich gehört. Und indem ich gehört wurde, begann ich, mich selbst zu hören.

Ein weiterer Durchbruch gelang mir, als ich einer Selbsthilfegruppe für Menschen beitrat, die ihre Eltern verloren hatten. Anfangs war ich skeptisch. Wie könnte es hilfreich sein, meinen Schmerz mit Fremden zu teilen? Aber als ich ihre Geschichten hörte und meine eigenen erzählte, wurde mir klar, dass ich nicht allein war. Meine Erfahrung war einzigartig, aber meine Gefühle – die Wut, die Schuld, die überwältigende Traurigkeit – waren universell. In diesem gemeinsamen Verständnis lag Trost, ein Gefühl der Verbundenheit, das mir gefehlt hatte.

Eine meiner größten Herausforderungen bestand darin, zu lernen, mit der Unsicherheit zu leben, die ein Trauma mit sich bringt. Der Unfall hatte meine Illusion der Kontrolle zerstört und ich wollte sie unbedingt wiedererlangen. Ich wollte die Garantie, dass nie wieder etwas Schlimmes passieren würde, dass ich mich und meine Lieben vor künftigen Schmerzen schützen konnte. Zu akzeptieren, dass es solche Garantien nicht gibt, war schwer, aber auch befreiend. Dadurch konnte ich mich auf das konzentrieren, was ich kontrollieren konnte – meine Reaktionen, meine Entscheidungen, meine Heilung.

Als ich langsam zu heilen begann, veränderte sich meine Sicht auf das Leben. Die kleinen Dinge, über die ich mir immer Sorgen machte, schienen angesichts dessen, was ich durchgemacht hatte, unbedeutend zu sein. Ich wurde geduldiger und mitfühlender – nicht nur gegenüber anderen, sondern auch gegenüber mir selbst. Ich habe gelernt, den gegenwärtigen Moment zu schätzen und wusste aus erster Hand, wie schnell sich alles ändern kann.

Dieses Buch ist eine Fortsetzung dieser Heilungsreise. Es handelt sich nicht nur um eine Sammlung von

Theorien oder allgemeinen Ratschlägen. Es ist ein Fahrplan, der auf realen Erfahrungen basiert – meinen und denen unzähliger anderer, die ein Trauma erlebt haben und gestärkt daraus hervorgegangen sind. Dieses Buch verspricht keine schnellen Lösungen oder Wundermittel. Stattdessen bietet es praktische, mitfühlende Anleitung für Ihren eigenen, einzigartigen Weg zur Heilung.

Dieses Buch zeichnet sich durch einen umfassenden Ansatz zur Trauma-Rehabilitation aus. Wir werden neben den psychologischen Komponenten auch die physischen, emotionalen und sogar spirituellen Aspekte der Heilung besprechen. Sie werden praktikable Taktiken zur Symptombewältigung, zur Wiederherstellung Ihres Sicherheitsgefühls und zur Verbesserung der Beziehungen zu anderen und zu sich selbst entdecken. Darüber hinaus werden Sie jedoch Unterstützung für jede Etappe Ihrer Reise sowie Bestätigung für Ihre Gefühle und Erfahrungen erfahren.

Der Zweck dieses Buches ist es, Sie dort abzuholen, wo Sie sind. Sie werden hilfreiche Tipps und Ressourcen entdecken, unabhängig davon, wie lange Sie schon kämpfen oder wie schwerwiegend und früh Ihr Trauma ist. Wir befassen uns nicht nur mit der Wissenschaft von Trauma und Heilung, sondern gehen auch auf die sehr intime, menschliche Seite der Genesung ein.

Ich bitte Sie dringend, beim Lesen auf die Art und Weise mit dem Inhalt zu interagieren, die Ihnen angemessen erscheint. Während bestimmte Kapitel einen tiefgreifenden Einfluss auf Sie haben können, scheinen andere für Ihre aktuelle Situation nicht relevant zu sein. Es ist in Ordnung. Sowohl Heilung als auch dieses Buch folgen keinem linearen Weg. Sie sind herzlich eingeladen, herumzuspringen, zurückzugehen und jeden Teil noch einmal zu lesen, und das zu nehmen, was Sie brauchen, und den Rest liegen zu lassen.

Ich lade Sie ein, dieses Buch als Begleiter auf Ihrer Heilungsreise zu nutzen. Schreiben Sie an den Rand, markieren Sie Passagen, die Sie ansprechen, probieren Sie die Übungen und Reflexionen aus. Am wichtigsten ist jedoch, dass Sie bei dieser Arbeit sanft mit sich selbst umgehen. Heilung braucht Zeit und ist nicht immer angenehm. Es wird Rückschläge und schwierige Tage geben. Aber es wird auch Durchbrüche, Momente des Friedens und ein wachsendes Gefühl der eigenen Widerstandsfähigkeit geben.

Denken Sie daran: Die Tatsache, dass Sie diese Worte lesen, ist bereits ein Akt des Mutes. Es ist ein Schritt auf dem Weg, Ihr Leben zurückzugewinnen und darüber hinwegzukommen, was Ihnen weh tut. Sie haben Ihre Reise zur Heilung bereits begonnen. Und obwohl ich nicht versprechen kann, dass es einfach sein wird, kann ich versprechen, dass es sich lohnen wird.

Auf den folgenden Seiten gehen wir auf praktische Heilungstechniken ein, untersuchen die Natur von Traumata und konzentrieren uns auf die Entwicklung der Widerstandskraft, die Ihnen helfen wird. Gemeinsam werden wir uns der Dunkelheit stellen, aber wir werden auch nach dem Licht suchen. Denn genau das bedeutet Genesung: eine langsame, aber stetige Rückkehr zu Ihrem wahren Selbst, eine fortschreitende Helligkeit.

Was mit Ihnen passiert ist, bestimmt nicht, wer Sie sind. Ihr Trauma definiert Sie nicht. Sie sind ein wertvoller, komplizierter Mensch mit der Fähigkeit, sich zu entwickeln, zu heilen und zu gedeihen. Dieses Buch dient als Mentor, als Ermutigung und als Erinnerung an diese Tatsache. Atmen Sie also tief ein, blättern Sie um und lassen Sie uns gemeinsam in dieses Abenteuer starten. Ihr Weg zur Genesung beginnt jetzt.

KAPITEL 1

Das Biest in seinem Innern entlarvt

„Trauma ist nicht das, was dir passiert, es ist das, was in dir als Folge dessen passiert, was dir passiert ist.“

Dr. Gabor Maté

Wenn wir das Wort „Trauma" hören, denken wir oft an dramatische, lebensverändernde Ereignisse. Wir stellen uns Kriegsgebiete, Naturkatastrophen oder gewalttätige Übergriffe vor. Obwohl es sich zweifellos um traumatische Erfahrungen handelt, stellen sie nur einen Bruchteil des Traumaspektrums dar. Die Wahrheit ist, dass Traumata viele Masken tragen und ihre Auswirkungen genauso tiefgreifend sein können, wenn sie aus weniger offensichtlichen Quellen stammen.

Trauma ist im Kern jede Erfahrung, die unsere Fähigkeit, damit umzugehen, überfordert. Es geht nicht um das Ereignis selbst, sondern darum, wie unser Nervensystem darauf reagiert. Das bedeutet, dass das, was für den einen traumatisch ist, für den anderen möglicherweise nicht traumatisch ist. Es ist zutiefst persönlich und von unserer einzigartigen Geschichte, unserem Glauben und unserer biologischen Zusammensetzung geprägt.

Denken Sie an Chloe, eine erfolgreiche Führungskraft, die jedes Mal, wenn sie eine Präsentation halten muss, in kalten Schweiß ausbricht. Oberflächlich betrachtet erscheint ihre Reaktion unverhältnismäßig. Aber wenn Sie tiefer graben, entdecken Sie vielleicht eine Kindheitserinnerung an die Demütigung vor ihrer Klasse. Dieses einzelne Ereignis, das für einen Außenstehenden unbedeutend erscheint, hinterließ einen Eindruck in ihrem Nervensystem, der sie auch Jahre später noch beeinflusst.

Oder denken Sie an Jeff, der in einem Haushalt aufgewachsen ist, in dem Gefühle nie thematisiert wurden. Seine Eltern sorgten für seine körperlichen Bedürfnisse, aber emotionale Vernachlässigung führte dazu, dass er als Erwachsener mit Intimität und Selbstdarstellung zu kämpfen hatte. Diese Art von Trauma, oft als „kleines T-Trauma" bezeichnet, kann genauso schwerwiegend sein wie ein einzelnes katastrophales Ereignis.

Selbst positive Veränderungen im Leben können traumatisch sein, wenn sie unsere Anpassungsfähigkeit überfordern. Eine Beförderung am Arbeitsplatz, ein Umzug in eine neue Stadt oder die Elternschaft – diese

Übergänge sind zwar aufregend, können aber eine Traumareaktion auslösen, wenn sie uns über unsere Bewältigungsschwelle hinaus bringen.

Der Schlüssel liegt darin, zu verstehen, dass es bei einem Trauma nicht um das Ereignis selbst geht, sondern darum, wie es sich auf uns auswirkt. Wenn Sie jemals gedacht haben: „Ich sollte nicht so verärgert sein, anderen geht es noch schlimmer", dann sind Sie nicht allein. Der Vergleich von Traumata ist jedoch nicht nur nutzlos, sondern kann Ihren Heilungsprozess sogar behindern.

Trauma hat die Möglichkeit, sich vor aller Augen zu verstecken. Es versteckt sich in unseren täglichen Gewohnheiten, unseren Beziehungen und unseren Denkmustern. Wie ein Chamäleon fügt es sich in den Hintergrund unseres Lebens ein und beeinflusst uns auf eine Weise, die wir vielleicht gar nicht bemerken.

Dies sind nur einige Beispiele dafür, wie sich ungelöste Traumata in unserem täglichen Leben manifestieren können:

1. Schwierigkeiten, anderen zu vertrauen oder enge Beziehungen aufzubauen
2. Ständige Angst oder Hypervigilanz
3. Unerklärliche körperliche Symptome wie chronische Schmerzen oder Verdauungsprobleme
4. Suchtverhalten, sei es Substanzkonsum, Arbeitssucht oder andere Zwänge
5. Extreme Reaktionen auf kleinere Stressfaktoren
6. Anhaltende Gefühle der Scham oder Wertlosigkeit
7. Schwierigkeiten, Grenzen zu setzen oder einzuhalten

Diese Zeichen bei sich selbst zu erkennen, kann eine Herausforderung sein, insbesondere wenn sie schon lange Teil Ihres Lebens sind. Möglicherweise haben Sie diese Verhaltensweisen oder Denkmuster normalisiert und sehen sie nur als Teil dessen, wer Sie sind. Aber Bewusstsein ist der erste Schritt zur Heilung.

Achten Sie zunächst auf Ihre Reaktionen in verschiedenen Situationen. Lösen bestimmte Ereignisse oder Interaktionen starke emotionale Reaktionen aus, die unverhältnismäßig erscheinen? Gibt es Muster in Ihren Beziehungen oder Verhaltensweisen, die Probleme in Ihrem Leben verursachen? Dies könnten Hinweise auf ein zugrunde liegendes Trauma sein.

Es ist auch hilfreich, über Ihre vergangenen Erfahrungen nachzudenken. Denken Sie daran, dass ein Trauma kein großes katastrophales Ereignis sein muss. Suchen Sie nach Zeiten, in denen Sie sich überfordert, machtlos oder zutiefst verletzt gefühlt haben. Überlegen Sie, wie diese Erfahrungen Ihre heutigen Gedanken und Verhaltensweisen beeinflussen könnten.

Wenn ein Trauma zuschlägt, wirkt es sich nicht nur auf unsere Emotionen aus, sondern stellt unsere ganze Welt auf den Kopf. Die Folgen eines Traumas können allumfassend sein und jeden Aspekt unseres Lebens auf eine Weise berühren, die uns vielleicht gar nicht bewusst ist.

Emotional kann ein Trauma dazu führen, dass wir uns wie in einer ständigen Achterbahnfahrt fühlen. In einem Moment könnten wir uns taub und unzusammenhängend fühlen, als ob wir unser Leben von außen betrachten würden. Im nächsten Moment werden wir von intensiven Emotionen überwältigt – Angst, Wut, Traurigkeit oder Scham. Diese emotionale Volatilität kann erschöpfend und verwirrend sein und uns das Gefühl geben, die Kontrolle zu verlieren und von uns selbst getrennt zu sein.

Physisch trägt unser Körper die Last des Traumas noch lange nach dem Ereignis. Es kann zu chronischer Müdigkeit, unerklärlichen Schmerzen oder Veränderungen im Appetit und Schlafverhalten kommen. Unser Nervensystem bleibt in höchster Alarmbereitschaft, was zu Symptomen wie schnellem

Herzschlag, Schwitzen oder einem Nervositätsgefühl beim kleinsten Geräusch führt. Mit diesen körperlichen Manifestationen versucht unser Körper, uns zu schützen, selbst wenn die Gefahr vorüber ist.

Kognitiv kann ein Trauma unser Denken trüben und unsere Konzentrationsfähigkeit beeinträchtigen. Es könnte sein, dass wir ständig traumatische Erinnerungen durchspielen oder Schwierigkeiten haben, uns auf die täglichen Aufgaben zu konzentrieren. Die Entscheidungsfindung wird schwieriger und wir hinterfragen uns ständig selbst. Unsere Zeitwahrnehmung kann sogar beeinträchtigt sein, und traumatische Erinnerungen fühlen sich so frisch und lebendig an, als wären sie gestern passiert.

Am tiefgreifendsten ist vielleicht, dass ein Trauma unsere Wahrnehmung der Welt und unseren Platz darin verändert. Was sich einst sicher und vorhersehbar anfühlte, scheint jetzt voller Gefahren zu sein. Möglicherweise betrachten wir andere mit Misstrauen, haben Schwierigkeiten, ihnen zu vertrauen, oder verspüren ein tiefes Gefühl der Trennung von unseren Mitmenschen. Unser Selbstwertgefühl kann bis ins Mark erschüttert werden, sodass wir unseren Wert, unsere Fähigkeiten und unsere Identität selbst in Frage stellen.

Es ist wichtig zu verstehen, dass diese Reaktionen, so belastend sie auch sein mögen, normale Reaktionen auf ungewöhnliche Umstände sind. Ihr Gehirn und Ihr Körper tun angesichts der wahrgenommenen Bedrohung genau das, wozu sie bestimmt sind: Sie versuchen, Sie zu schützen. Das Problem besteht darin, dass diese Schutzmechanismen, die möglicherweise während des traumatischen Ereignisses hilfreich waren, noch lange nach dem Ende der Gefahr bestehen bleiben können.

Anstatt sich selbst für Ihre Reaktionen zu beschimpfen oder sich dazu zu zwingen, „darüber hinwegzukommen", sollten Sie erkennen, dass Ihre Antworten berechtigt sind. Sie sind kein Zeichen von Schwäche oder Versagen – sie sind ein Beweis für Ihre Stärke und die unglaubliche Überlebensfähigkeit Ihres Körpers.

Wenn wir uns mit der Komplexität von Traumata befassen, ist es leicht, sich überfordert zu fühlen. Die Auswirkungen können allumfassend erscheinen und jeden Aspekt unseres Lebens betreffen. Aber hier ist eine entscheidende Wahrheit, die inmitten von Schmerz und Verwirrung oft verloren geht: ***Du bist nicht dein Trauma.***

Ihre Erfahrungen, egal wie schmerzhaft oder einflussreich sie auch sein mögen, definieren Sie nicht. Sie sind ein Teil Ihrer Geschichte, ja, aber sie sind nicht die ganze Geschichte. Du bist so viel mehr als das, was dir passiert ist.

Dieses Konzept, Ihre Identität von Ihren traumatischen Erfahrungen zu trennen, ist wirkungsvoll, kann aber auch eine Herausforderung sein. Wenn ein Trauma eine große Rolle in Ihrem Leben gespielt hat, kann es sich anfühlen, als wäre es ein Teil von Ihnen. Aber wie ein Stoff aus vielen Fäden ist Ihre Identität von vielen Erfahrungen, Beziehungen, Gedanken und Gefühlen geprägt – Trauma ist nur ein Faden darunter.

Denken Sie an all die anderen Aspekte, die Sie zu dem machen, was Sie sind. Ihre Leidenschaften und

Interessen, Ihre Werte und Überzeugungen, Ihre Beziehungen und Rollen im Leben. Dies sind alles integrale Bestandteile Ihrer Identität, die unabhängig von Ihrem Trauma existieren.

Sich von Ihrem Trauma zu trennen bedeutet nicht, Ihre Erfahrungen zu leugnen oder herunterzuspielen. Es geht darum zu erkennen, dass das Trauma zwar Auswirkungen auf Sie hat, aber nicht alles umfasst, wer Sie sind. Es geht darum, Ihre Erzählung und Ihr Selbstbewusstsein zurückzugewinnen.

Wie können Sie also anfangen, sich selbst als mehr als nur Ihr Trauma zu sehen? Hier ist eine Reflexionsübung, die Ihnen dabei helfen soll, diesen Prozess zu starten:

1. Nehmen Sie ein Blatt Papier und zeichnen Sie einen großen Kreis in die Mitte. Dieser Kreis repräsentiert Sie.

2. Schreiben oder zeichnen Sie innerhalb des Kreises Symbole auf, die verschiedene Aspekte Ihrer Identität darstellen. Dies können Rollen sein, die Sie spielen (Freund, Eltern, Beruf), Qualitäten, die Sie besitzen (freundlich, kreativ, belastbar), Interessen (Musik, Natur, Kochen) oder Werte, die Ihnen am Herzen liegen (Ehrlichkeit, Mut, Mitgefühl).

3. Erkennen Sie jetzt Ihre traumatischen Erfahrungen an. Sie können sie mit einem kleineren Kreis oder einer kleineren Form innerhalb oder über Ihrem Hauptkreis darstellen. Dies stellt visuell dar, dass das Trauma zwar Teil Ihrer Geschichte, aber nicht die ganze Geschichte ist.

4. Sehen Sie sich Ihre fertige Zeichnung an. Beachten Sie, wie viele Aspekte von Ihnen unabhängig von Ihrem Trauma existieren. Denken Sie darüber nach, wie jeder dieser Teile zu Ihrer Persönlichkeit beiträgt.

5. Versuchen Sie im Laufe Ihres Tages zu bemerken, wann Sie sich mit diesen verschiedenen Aspekten Ihrer selbst beschäftigen. Vielleicht drücken Sie Ihre Kreativität durch ein Hobby aus, zeigen Freundlichkeit gegenüber einem Fremden oder stehen für einen Wert ein, an den Sie glauben. Diese Momente sind alles Ausdruck Ihres wahren Selbst, unabhängig von Ihrem Trauma.

Denken Sie daran, dass es bei dieser Übung nicht darum geht, Ihre traumatischen Erfahrungen zu ignorieren oder zu minimieren. Es geht darum, Ihre Selbstwahrnehmung um alle anderen Elemente zu erweitern, die Sie zu dem machen, was Sie sind. Es geht darum, Ihre Ganzheit zurückzugewinnen.

Zum Abschluss dieses Kapitels möchte ich, dass Sie an dieser Wahrheit festhalten: Sie werden nicht durch das definiert, was Ihnen widerfahren ist. Sie sind ein komplexer, vielschichtiger Mensch mit inhärentem Wert und grenzenlosem Potenzial. Ihr Trauma ist ein Teil Ihrer Geschichte, aber es ist nicht die ganze Geschichte. Und was am wichtigsten ist: Es bestimmt nicht Ihre Zukunft.

In den folgenden Kapiteln werden wir praktische Strategien für Heilung und Wachstum untersuchen. Aber vorerst lade ich Sie ein, dieser Idee zu folgen. Lass es auf dich wirken. Du bist mehr als dein Trauma. Das warst du schon immer und wirst es auch immer sein. Diese Erkenntnis ist nicht das Ende Ihrer Heilungsreise, aber sie ist ein kraftvoller Anfang.

Fragen zur Selbstreflexion

1. Welche spezifischen Ereignisse oder Erfahrungen in Ihrer Vergangenheit haben Ihrer Meinung nach ein Trauma in Ihrem Leben verursacht?

____

____

____

____

2. Wie hat das Trauma Ihrer Meinung nach Ihr tägliches Verhalten und Ihre emotionalen Reaktionen beeinflusst?

____

____

____

____

3. Auf welche Weise haben Sie versucht, Ihr Trauma vor sich selbst oder anderen zu ignorieren oder zu verbergen?

____

____

____

____

____

4. Wie fühlen Sie sich, wenn Sie das Vorhandensein eines Traumas in Ihrem Leben erkennen?

____

____

____

____

____

5. Was bedeutet die Aussage „Du bist nicht dein Trauma" für dich persönlich?

____

____

____

____

____

Transformative Übungen

1. Schreiben Sie einen Brief, in dem Sie Ihr Trauma ansprechen und Ihre Gefühle und Gedanken zum Ausdruck bringen. Halte dich nicht zurück. Dies ist nur für Ihre Augen.

2. Verbringen Sie täglich 10 Minuten damit, Ihre Gedanken und Gefühle ohne Urteil zu beobachten.

Beachten Sie, wann traumabezogene Gedanken auftauchen.

3. Richten Sie einen physischen Raum in Ihrem Zuhause ein, in dem Sie sich sicher fühlen und nachdenken oder meditieren können, wenn sich das Trauma überwältigend anfühlt.

4. Schreiben und rezitieren Sie tägliche Affirmationen, die Sie an Ihre Stärke und Widerstandsfähigkeit erinnern.

5. Erstellen Sie ein Vision Board, das Ihr Leben jenseits des Traumas darstellt. Fügen Sie Bilder und Wörter ein, die Heilung, Stärke und zukünftige Ziele symbolisieren.

KAPITEL 2

DEIN WEG ZUR GANZHEIT

„Die schönsten Menschen, die wir kennengelernt haben, sind diejenigen, die Niederlagen, Leiden, Kämpfe und Verluste erlebt haben und den Weg aus der Tiefe gefunden haben. Diese Menschen haben eine Wertschätzung, eine Sensibilität und ein Verständnis für das Leben, das erfüllt." Sie mit Mitgefühl, Sanftmut und einer tiefen, liebevollen Fürsorge. Schöne Menschen passieren nicht von ungefähr.

Elisabeth Kübler-Ross

Das Leben hat eine Art, Curveballs zu werfen, wenn wir sie am wenigsten erwarten. In einem Moment fährst du dahin und fühlst dich unbesiegbar, und im nächsten Moment liegst du flach auf dem Rücken und schnappst nach Luft. Schmerzen, Traumata und Herzschmerz können dazu führen, dass wir uns erschüttert und verloren fühlen und uns fragen, ob wir uns jemals wieder ganz fühlen werden. Aber hier ist die Wahrheit: In dir steckt eine unglaubliche Stärke, eine Widerstandskraft, die darauf wartet, geweckt zu werden.

Der erste Schritt auf jeder Reise ist oft der schwierigste, und wenn es darum geht, tiefe emotionale Wunden zu heilen, kann es sich anfühlen, als würde man den Mount Everest in Flip-Flops erklimmen. Aber kann ich Ihnen etwas sagen: Sie müssen keine große Geste machen, um Ihre Heilungsreise zu beginnen. Mut bedeutet in diesem Zusammenhang nicht, Drachen zu töten oder hohe Gebäude in einem einzigen Satz zu überspringen. Es geht um die kleinen, scheinbar unbedeutenden Taten, die einen langsam aber sicher zu sich selbst zurückführen.

Ich möchte, dass Sie sich Folgendes vorstellen: Sie liegen im Bett, die Vorhänge sind zugezogen, und das Gewicht Ihres Schmerzes drückt Sie in die Matratze. Aufstehen fühlt sich unmöglich an. Doch dann verändert sich etwas. Vielleicht ist es ein Sonnenstrahl, der durch die Jalousien fällt, oder das ferne Lachen draußen spielender Kinder. Und in diesem Moment treffen Sie eine Wahl. Sie schwingen Ihre Beine über die Bettkante, stellen Ihre Füße auf den Boden und stehen auf. Das, mein Freund, ist ein Akt des Mutes.

Oder vielleicht meiden Sie seit Wochen Telefonanrufe und Textnachrichten und isolieren sich in Ihrer Trauer. Eines Tages greifen Sie zu Ihrem Telefon und senden ein einfaches „Hey, wie geht es Ihnen?" zu einem Freund. Ihr

Herz rast, als Sie auf „Senden" klicken, aber Sie haben gerade einen mutigen Schritt getan, um sich wieder mit der Welt zu verbinden.

Diese kleinen mutigen Taten scheinen vielleicht nicht viel zu sein, aber sie sind die Bausteine Ihrer Genesung. Es sind die Momente, in denen Sie sich entscheiden, sich Ihrem Schmerz direkt zu stellen, anstatt vor ihm davonzulaufen. Es bedeutet, dass Sie sich zum ersten Mal einem Therapeuten öffnen und Ihre Geschichte erzählen, auch wenn Ihre Stimme zittert. Es bedeutet, sich selbst zu weinen und die ganze Kraft seiner Gefühle zu spüren, anstatt sie zu betäuben.

Eine Frau, mit der ich zusammengearbeitet habe, Olivia, fand ihren Mut an einem unerwarteten Ort – einem Töpferkurs. Nachdem sie ihren Mann verloren hatte, konnte sie kaum noch leben, geschweige denn daran denken, etwas Neues auszuprobieren. Doch eines Tages fuhr sie an einem Gemeindezentrum vorbei, in dem Töpferkurse für Anfänger angeboten wurden. Aus einer Laune heraus meldete sie sich an. In der ersten Klasse zitterten ihre Hände, als sie den Ton bearbeitete, aber als sie ihn formte und formte, verspürte sie einen kleinen Funken Freude. Es war das erste Mal seit

Monaten, dass sie etwas anderes als Trauer empfand. Für Olivia wurde das wöchentliche Erscheinen zu diesem Kurs zu einem Akt des Trotzes gegen ihren Schmerz, zu einer Art zu sagen: „Ich bin immer noch hier und gebe nicht auf."

Denken Sie daran: Mut bedeutet nicht Furchtlosigkeit. Es bedeutet, die Angst zu spüren und trotzdem Maßnahmen zu ergreifen. Es ist in Ordnung, Angst zu haben, an sich selbst zu zweifeln und sich zu fragen, ob man stark genug ist. Allein die Tatsache, dass Sie dies lesen und nach Wegen zur Heilung suchen, ist an sich schon ein Akt des Mutes. Sie sind bereits auf dem Weg, auch wenn Sie das Ziel noch nicht sehen können.

Nachdem Sie nun die ersten mutigen Schritte unternommen haben, ist es an der Zeit, sich einen Überblick über das Gelände zu verschaffen. Die Heilung von einem Trauma verläuft nicht geradlinig – sie gleicht eher einem gewundenen Bergpfad mit Gipfeln, Tälern und gelegentlich unerwarteten Klippen. Wenn Sie die Schritte dieser Reise begreifen, können Sie mit größerer Sicherheit und Freundlichkeit sich selbst gegenüber voranschreiten.

Stufe 1: Schock und Verleugnung

Unmittelbar nach einem Trauma geht Ihr Geist in den Schutzmodus über. Möglicherweise fühlen Sie sich taub, unzusammenhängend oder haben Schwierigkeiten, das Geschehene zu akzeptieren. Auf diese Weise gibt Ihre Psyche Ihnen Zeit, die Ungeheuerlichkeit Ihrer Erfahrung zu verarbeiten. Es ist in Ordnung, eine Weile hier zu sein, aber irgendwann musst du weitermachen.

Stufe 2: Schmerz und Schuld

Wenn der Schock nachlässt, bricht der Schmerz wie eine Flutwelle herein. Möglicherweise fühlen Sie sich von Emotionen überwältigt – Wut, Traurigkeit, Angst, Schuldgefühle. Diese Phase kann intensiv und beängstigend sein, ist aber ein notwendiger Teil des Heilungsprozesses. Sie fangen an, sich direkt mit Ihrem Trauma auseinanderzusetzen.

Stufe 3: Wut und Verhandeln

Wenn Sie sich mit Ihrem Schmerz auseinandersetzen, folgt oft Wut. Möglicherweise ärgern Sie sich über die Ungerechtigkeit des Ganzen und fragen *"Warum ich?"* oder der Versuch, mit dem Universum zu verhandeln, um das Geschehene ungeschehen zu machen. Diese Wut ist berechtigt und kann sogar anregend sein und Sie auf Ihrem Heilungsweg vorantreiben.

Stufe 4: Depression und Reflexion

Diese Phase fühlt sich oft so an, als würde man den Tiefpunkt erreichen. Das volle Gewicht Ihres Verlustes oder Traumas macht sich bemerkbar und Sie könnten mit Gefühlen der Hoffnungslosigkeit oder Isolation zu kämpfen haben. Aber in dieser Dunkelheit beginnen Samen der Heilung zu sprießen. Sie fangen an, über Ihre Erfahrungen nachzudenken und darüber nachzudenken, wie es weitergehen kann.

Stufe 5: Die Aufwärtswende

Langsam aber sicher beginnen Sie, mehr gute als schlechte Tage zu haben. Sie beginnen,

Hoffnungsschimmer und Möglichkeiten zu sehen. Das bedeutet nicht, dass Sie „darüber hinweg" sind – bei der Heilung geht es nicht darum, Ihre Vergangenheit zu vergessen oder auszulöschen. Es geht darum zu lernen, Ihre Erfahrungen auf eine Weise mit sich zu tragen, die Sie nicht zurückhält.

Stufe 6: Rekonstruktion und Durcharbeitung

In dieser Phase sind Sie aktiv am Neuaufbau Ihres Lebens beteiligt. Sie entwickeln neue Bewältigungsstrategien, entdecken Ihre Stärken wieder und finden vielleicht einen neuen Sinn oder Sinn in Ihren Erfahrungen. Hier beginnt die eigentliche Transformation Gestalt anzunehmen.

Stufe 7: Akzeptanz und Hoffnung

In dieser letzten Phase geht es nicht darum, „geheilt" zu werden oder wieder der Mensch zu werden, der man zuvor war. Es geht darum, Frieden mit Ihren Erfahrungen zu schließen und zu erkennen, wie sie Sie geprägt haben. Sie haben Ihre Vergangenheit mit Ihrer Gegenwart verschmolzen und blicken nun hoffnungsvoll und belastbar nach vorne.

Es ist wichtig, sich daran zu erinnern, dass diese Phasen nicht linear sind. Sie können zwischen ihnen hin und her springen oder mehrere gleichzeitig erleben. Es gibt keinen „richtigen" Weg zur Heilung und keinen festgelegten Zeitplan. Ihre Reise ist einzigartig für Sie.

Seien Sie auf dieser Reise auf Rückschläge vorbereitet. Es wird Tage geben, an denen es sich anfühlt, als würde man einen Rückschritt machen und alte Schmerzen aus dem Nichts auftauchen. Aber das ist kein Zeichen eines Scheiterns – es ist einfach ein natürlicher Teil des Prozesses. Stellen Sie sich das wie ein Training vor: Wenn Sie trainieren, entstehen kleine Risse in Ihren Muskelfasern, und während der Heilung werden Ihre Muskeln stärker.

Ebenso bauen Sie jedes Mal, wenn Sie sich Ihrem Schmerz stellen und ihn verarbeiten, emotionale und psychologische Stärke auf.

Um sich auf die Höhen und Tiefen dieser Reise vorzubereiten:

1. Erstellen Sie ein Selbstpflege-Toolkit: Füllen Sie eine Kiste mit Gegenständen, die Sie beruhigen und trösten. Dazu können eine weiche Decke, beruhigende Musik, Fotos von schönen Erinnerungen oder ein Tagebuch gehören. Wenn Sie einen harten Tag haben, haben Sie diese Werkzeuge zur Hand.

2. Bauen Sie ein Unterstützungsnetzwerk auf:
Identifizieren Sie die Menschen in Ihrem Leben, die Sie
aufrichten und ermutigen. Lassen Sie sie wissen, dass
Sie sich auf dieser Heilungsreise befinden und wie sie
Sie unterstützen können.

3. Setzen Sie sich kleine, erreichbare Ziele: Teilen Sie
Ihre Heilungsreise in überschaubare Schritte auf. Feiern
Sie jeden Meilenstein, egal wie klein er auch sein mag.

4. Achtsamkeit üben: Lernen Sie Techniken, um sich im
gegenwärtigen Moment zu erden. Dies kann hilfreich
sein, wenn Sie sich von vergangenen Traumata oder
zukünftigen Ängsten überwältigt fühlen.

5. Seien Sie flexibel: Verstehen Sie, dass Heilung nicht
linear verläuft. Manche Tage werden schwieriger sein
als andere, und das ist in Ordnung. Passen Sie Ihre
Erwartungen an und seien Sie freundlich zu sich selbst.

SELBSTMITGEFÜHL: IHRE GEHEIMWAFFE

Wenn Sie diese Heilungsreise beginnen, gibt es ein
Werkzeug, das sich von allen anderen abhebt:
Selbstmitgefühl. Es ist der Schlüssel zu echter Heilung
und Transformation. Aber für viele von uns,
insbesondere für diejenigen, die ein Trauma

durchgemacht haben, mag Selbstmitgefühl seltsam oder sogar unangenehm erscheinen.

Was genau ist Selbstmitgefühl? Es geht darum, sich selbst mit der gleichen Freundlichkeit und dem gleichen Verständnis zu behandeln, das Sie einem guten Freund entgegenbringen würden. Es geht darum, anzuerkennen, dass man ein Mensch ist, mit all den Fehlern und Schwierigkeiten, die das mit sich bringt, und sich trotzdem zu lieben. Bei Selbstmitgefühl geht es nicht darum, seine Fehler zu ignorieren oder nie danach zu streben, sich zu verbessern. Es geht darum, sich selbst so zu akzeptieren, wie man gerade ist, und gleichzeitig auf Wachstum und Heilung hinzuarbeiten.

Im Kontext der Trauma-Genesung ist Selbstmitgefühl absolut entscheidend. Es ist das Gegenmittel gegen Scham, Selbstvorwürfe und harte Selbstkritik, die oft mit traumatischen Erlebnissen einhergehen. Wenn Sie Mitgefühl mit sich selbst haben, schaffen Sie einen sicheren inneren Raum, in dem Sie Ihren Schmerz verarbeiten und mit der Heilung beginnen können.

Dr. Kristin Neff, eine bahnbrechende Forscherin auf dem Gebiet des Selbstmitgefühls, identifiziert drei Schlüsselkomponenten:

1.   Selbstfreundlichkeit: Seien Sie sanft und verständnisvoll mit sich selbst, statt scharf kritisch zu sein.

2. Gemeinsame Menschlichkeit: Wenn Sie erkennen, dass Leiden und persönliche Unzulänglichkeit Teil der gemeinsamen menschlichen Erfahrung sind, sind Sie nicht allein.

3. Achtsamkeit: Beobachten Sie Ihre Gedanken und Gefühle mit Offenheit und Urteilslosigkeit, anstatt sich zu sehr mit ihnen zu identifizieren.

Die Entwicklung von Selbstmitgefühl erfordert Übung, insbesondere wenn Sie es gewohnt sind, hart zu sich selbst zu sein. Hier sind einige Übungen, die Ihnen beim Aufbau dieser wichtigen Fähigkeit helfen sollen:

1. Die Selbstmitgefühlspause: Wenn Sie sich gestresst oder verärgert fühlen, probieren Sie diese kurze Übung aus:

Erkennen Sie, dass dies ein Moment des Leidens ist. („Das ist im Moment wirklich schwer.")

Erinnern Sie sich daran, dass Leiden ein Teil des Lebens ist. („Jeder hat manchmal Probleme.")

Bieten Sie sich Freundlichkeit an. Legen Sie Ihre Hand auf Ihr Herz und sagen Sie: „Möge ich in diesem Moment freundlich zu mir selbst sein."

2. Formulieren Sie Ihren inneren Kritiker neu: Wenn Sie selbstkritische Gedanken bemerken, versuchen Sie, sie auf mitfühlendere Weise umzuformulieren. Versuchen Sie statt „Ich bin so ein Versager" „Ich gebe mit dem, was ich gerade habe, mein Bestes."

3. Schreiben Sie einen selbstmitfühlenden Brief: Stellen Sie sich vor, ein lieber Freund kämpft mit den gleichen Problemen wie Sie. Schreiben Sie ihnen einen Brief voller Verständnis, Akzeptanz und Ermutigung. Lesen Sie sich dann den Brief vor und lassen Sie die mitfühlenden Worte auf sich wirken.

4. Meditation der liebenden Güte: Bei dieser Übung werden Sätze des guten Willens gegenüber sich selbst und anderen wiederholt. Beginnen mit:

„Möge ich in Sicherheit sein.

Möge ich gesund sein.

Möge ich glücklich sein.

Möge ich mit Leichtigkeit leben.

Wenn Sie sich wohler fühlen, erweitern Sie diese Wünsche auf andere in Ihrem Leben.

5. *Selbstmitgefühlstagebuch:* Schreiben Sie am Ende eines jeden Tages über alle schwierigen Erfahrungen, die Sie gemacht haben. Denken Sie über diese Erfahrungen durch die Linse des Selbstmitgefühls nach, erkennen Sie Ihren Schmerz ohne Urteil an und bieten Sie sich selbst Freundlichkeit an.

Denken Sie daran, dass Selbstmitgefühl nicht immer einfach ist, insbesondere wenn Sie auf Ihrem Heilungsweg Rückschläge erleiden. Möglicherweise gibt es Tage, an denen Sie in alte Muster der Selbstkritik oder Scham zurückfallen. Das ist okay. Bei der Heilung geht es nicht um Perfektion – es geht um Fortschritt. Jedes Mal, wenn Sie sich für Selbstmitgefühl statt für Selbstverurteilung entscheiden, vernetzen Sie Ihr Gehirn neu und schaffen neue, gesündere Muster.

Ein Klient, Smith, hatte große Probleme mit seinem Selbstmitgefühl, nachdem er einen Autounfall überlebt hatte, bei dem er chronische Schmerzen hatte. Er gab sich selbst die Schuld an dem Unfall und empfand starke Schuldgefühle wegen der Auswirkungen seiner Verletzungen auf seine Familie. Durch die Therapie begann Smith, Selbstmitgefühl zu üben. Zuerst fühlte es sich unmöglich an. Aber langsam begann er, sich selbst mit der gleichen Freundlichkeit zu behandeln, die er einem Freund in seiner Situation entgegenbringen würde. Dieser Wandel löschte weder seinen Schmerz noch seine Herausforderungen aus, gab ihm aber die emotionale Widerstandsfähigkeit, sich ihnen zu stellen. Smith beschrieb es als „endlich einen Verbündeten in meinem Kopf zu haben".

Wenn Sie Selbstmitgefühl üben, bemerken Sie möglicherweise Widerstand. In unserer Kultur wird Selbstkritik oft mit Motivation und Selbstmitgefühl mit Selbstgefälligkeit gleichgesetzt. Untersuchungen zeigen jedoch, dass das Gegenteil der Fall ist. Selbstmitgefühl führt tatsächlich zu größerer Motivation, Belastbarkeit und allgemeinem Wohlbefinden. Es gibt Ihnen die emotionale Sicherheit, sich schwierigen Wahrheiten zu stellen, und den Mut, positive Veränderungen in Ihrem Leben herbeizuführen.

Fragen zur Selbstreflexion

1. Wie sieht Heilung für Sie aus?

____

____

____

____

2. Welche Bereiche Ihres Lebens fühlen sich am stärksten fragmentiert oder verletzt an?

____

____

____

____

3. Wie definieren Sie Mut im Zusammenhang mit der Heilung von Traumata?

____

____

____

____

4. Auf welche Weise haben Sie in der Vergangenheit Selbstmitgefühl gezeigt?

____

____

____

____

____

5. Welchen Ängsten oder Hindernissen begegnen Sie auf Ihrem Weg zur Ganzheit?

____

____

____

____

____

Transformative Übungen

1. Schreiben Sie jeden Tag drei Dinge auf, für die Sie dankbar sind, um eine positive Einstellung zu entwickeln.

2. Verbringen Sie 15 Minuten damit, Ihren Heilungsprozess zu visualisieren. Stellen Sie sich vor, dass jeder Teil von Ihnen geheilt wird und ganz wird.

3. Erstellen Sie ein persönliches Mantra, das Selbstmitgefühl verkörpert, und wiederholen Sie es, wann immer Selbstkritik aufkommt.

4. Identifizieren Sie einen kleinen, mutigen Schritt, den Sie jede Woche in Richtung Heilung unternehmen können, und verpflichten Sie sich dazu.

5. Machen Sie regelmäßig Spaziergänge in der Natur, konzentrieren Sie sich auf die Schönheit um Sie herum und denken Sie über Ihren Heilungsweg nach.

KAPITEL 3

DIE GEFÜHLE FÜHLEN

„Die Wahrheit ist: Wenn Sie nicht loslassen, wenn Sie sich selbst nicht vergeben, wenn Sie die Situation nicht verzeihen, wenn Sie nicht erkennen, dass die Situation vorbei ist, können Sie nicht vorankommen.“

Maraboli, Steve

Laut einer aktuellen Studie, die im Journal of Positive Psychology (2023) veröffentlicht wurde, zeigen Menschen, die ihr gesamtes Spektrum an Emotionen – auch negative – akzeptieren und anerkennen, ein höheres Maß an Belastbarkeit und allgemeinem Wohlbefinden als Menschen, die gewohnheitsmäßig unterdrücken oder vermeiden unangenehme Emotionen.

Sie werden eine Achterbahnfahrt der Gefühle erleben, während Sie sich auf Ihren Heilungsweg begeben. An bestimmten Tagen haben Sie vielleicht das hoffnungsvolle, optimistische Gefühl, als würden Sie über den Wolken fliegen. An anderen Tagen kann es vorkommen, dass Sie das Gefühl haben, in einer turbulenten See zu ertrinken und Schwierigkeiten haben, über Wasser zu bleiben. Diese Gefühlsstörung ist ein normaler notwendiger Aspekt des

Heilungsprozesses. Es ist wichtig zu erkennen, dass es akzeptabel ist, sich nicht immer gut zu fühlen.

Negative Emotionen sollten vermieden oder schnell überwunden werden, so die Konditionierung, die viele von uns erfahren haben. Wenn es uns schlecht geht, werden wir häufig aufgefordert, „aufzumuntern" oder „auf die positive Seite zu schauen". Diese Methode könnte sich jedoch negativ auf unsere Genesung auswirken. Unsere Fähigkeit, uns weiterzuentwickeln und ein besseres Verständnis von uns selbst zu erlangen, wird durch unsere Fähigkeit erleichtert, alle unsere Emotionen zu erkennen und zu akzeptieren, auch die schwierigen.

Um die Fähigkeit zu erlangen, mit schmerzhaften Gefühlen zu sitzen, sind Geduld und Übung erforderlich. Obwohl es normal ist, Trauer, Wut oder Schmerz ignorieren zu wollen, kann dies die Situation tatsächlich verschlimmern. Bemühen Sie sich stattdessen, mit Mitgefühl und Neugier an Ihre Gefühle heranzugehen. Wenn Sie das Gefühl haben, dass etwas Schwieriges auf Sie zukommt, halten Sie inne und atmen Sie tief durch. „Was fühle ich gerade?" Frag dich selbst. In welchem Teil meines Körpers spüre ich es?" Indem Sie das Gefühl einfach nur anerkennen, können Sie dazu beitragen, eine gewisse Distanz zwischen sich selbst und ihm zu schaffen, so dass Sie es beobachten können, ohne in es hineingezogen zu werden.

Achtsamkeitsmeditation ist eine nützliche Technik zur Kontrolle von Emotionen. Damit lenken Sie Ihre Aufmerksamkeit auf das Hier und Jetzt, ohne ein Urteil zu fällen. Regelmäßige Achtsamkeitsübungen können Ihnen helfen, sich Ihrer emotionalen Zustände bewusster zu werden und Ihre Fähigkeit zu verbessern, mit ihnen umzugehen. Beginnen Sie jeden Tag eine Weile und verlängern Sie die Zeit schrittweise, wenn Sie sich an die Übung gewöhnt haben.

Journaling ist eine weitere effektive Strategie, um mit starken Emotionen umzugehen. Sie können Ihre Erfahrungen und Emotionen besser verarbeiten, indem Sie sie schriftlich festhalten. Das Wichtigste ist, ehrlich und frei zu kommunizieren; Machen Sie sich keine Gedanken über die Verwendung anspruchsvoller Sprache oder das Schreiben mit perfekter Syntax. Wenn Sie den Stift zu Papier bringen, werden Sie möglicherweise von den Erkenntnissen überrascht sein, die ans Licht kommen.

Sie sollten auch bedenken, dass alle Gefühle, egal wie stark, verschwinden. Wie Meereswellen kommen und gehen sie. Wenn Sie sich mitten in einem sehr schwierigen emotionalen Ereignis befinden, sagen Sie sich: „Auch dies wird vorübergehen." Mit dieser Sichtweise können Sie herausfordernde Zeiten meistern und vermeiden, sich überfordert zu fühlen.

Sie müssen sich die Erlaubnis geben, Ihre Gefühle zu erleben, und gute Bewältigungsstrategien für den Fall entwickeln, dass die Dinge zu überwältigend werden. Nehmen Sie an Dingen teil, die Ihnen Freude bereiten und Ihnen Freude bereiten, z. B. ein warmes Bad nehmen, im Park spazieren gehen oder Musik hören. Erstellen Sie eine Liste dieser Selbstpflegetechniken und bewahren Sie sie griffbereit auf, falls Sie weitere Hilfe benötigen.

Seien Sie freundlich zu sich selbst, während Sie sich durch Ihre emotionale Umgebung bewegen. Während des Heilungsprozesses wird es Höhen und Tiefen geben, da es sich nicht um eine gerade Linie handelt. Respektieren Sie Ihren Fortschritt, egal wie geringfügig er auch erscheinen mag. Sie entwickeln emotionale Belastbarkeit und kommen der Heilung jedes Mal näher, wenn Sie direkt mit einer herausfordernden Emotion konfrontiert werden.

Denken Sie daran, dass alle Ihre Gefühle, auch die unangenehmen, einen Zweck haben. Sie geben Ihnen wichtige Informationen über Ihre Grenzen, Werte und Bedürfnisse. Sie können aufschlussreiche Informationen erhalten, die Sie zur Genesung und persönlichen Entwicklung führen, indem Sie lernen, auf Ihren inneren Kompass zu hören.

Akzeptieren Sie auf Ihrem Weg zur Heilung Ihrer vergangenen Verletzungen die gesamte Bandbreite Ihrer Emotionen. Erlauben Sie sich zu fühlen, ohne ein Urteil zu fällen, und vertrauen Sie darauf, dass jedes Gefühl, egal wie gut oder schlecht es ist, ein notwendiger Schritt auf dem Weg zur Genesung ist. Mit der Zeit, Geduld und Übung werden Sie emotional belastbarer und verstehen sich selbst besser.

Ihre Gefühle sind Ihre Helfer im Heilungsprozess, nicht Ihre Feinde. Sie begeben sich auf den Weg zu bedeutenden Veränderungen und Entwicklungen, wenn Sie sie akzeptieren und sich dafür entscheiden, mit ihnen statt gegen sie zu arbeiten. Denken Sie daran, dass es bei der Heilung darum geht, eine bessere Beziehung zu Ihrer gesamten emotionalen Welt aufzubauen, und nicht darum, all Ihre schlechten Gefühle loszuwerden.

Denken Sie im weiteren Verlauf daran, dass Sie in der Lage sind, selbst die schwierigsten Gefühle zu konfrontieren und zu überwinden. Mit jedem Versuch wirst du belastbarer und stärker. Wenn Sie lernen, Ihren emotionalen Kompass zu erkennen und zu ehren, wird dies Sie zu einem friedlicheren, selbstbewussteren und letztendlich heilsameren Ort führen.

Sich mit Ihrem inneren Kritiker anfreunden

Wenn man sich auf eine Reise der Selbstfindung begibt, offenbart man oft überraschende Erkenntnisse über unsere innere Welt. Die Aspekte, die wir als Fehler oder Schwächen wahrnehmen, sind in Wirklichkeit integrale Bestandteile unseres Wesens und bergen verborgene Stärken und Potenziale. Der Schlüssel zur Erschließung dieser Potenziale liegt darin, unseren inneren Kritiker zu verstehen und sich mit ihm anzufreunden.

Der erste Schritt in diesem Transformationsprozess besteht darin, die positive Absicht hinter den Handlungen Ihres inneren Kritikers aufzudecken. Ihr innerer Kritiker ist zwar hart, aber davon überzeugt, dass seine Kritik letztendlich Ihnen zugute kommt. Gehen Sie diese Aufgabe mit echter Neugier und Verständnisbereitschaft an. Stellen Sie Ihrem inneren Kritiker Fragen wie: „Was wollen Sie erreichen, indem Sie mich kritisieren?" oder „Wie wird es Ihrer Meinung nach helfen, mich zu verurteilen?"

Es ist wichtig, diese Fragen aus aufrichtigem Interesse und nicht aus Frustration zu stellen. Stellen Sie sich vor, Sie beschäftigen sich mit einem wohlmeinenden, aber missverstandenen Teil von Ihnen. Wenn Sie tiefer graben, stellen Sie anschließend Fragen, die die Beweggründe des Kritikers weiter erforschen. Wenn es sagt, dass es von Ihnen verlangt, dass Sie härter arbeiten, fragen Sie nach, wie seine Kritik seiner Meinung nach zu diesem Ergebnis führen wird. Oder fragen Sie, was passieren könnte, wenn es aufhört, Sie zu verurteilen.

Das Verständnis der zugrunde liegenden Ängste und Motivationen Ihres inneren Kritikers kann tiefgreifende Erkenntnisse liefern. Es könnte beispielsweise darum gehen, Sie vor wahrgenommenen Bedrohungen oder vergangenen Traumata zu schützen.

Manchmal widersetzt sich Ihr innerer Kritiker diesen Anfragen und antwortet mit mehr Kritik oder weigert sich, sich darauf einzulassen. Dieser Widerstand ist oft auf mangelndes Vertrauen zurückzuführen, da der Kritiker vermuten könnte, dass Sie versuchen, ihn zu überwältigen oder zu beseitigen. Es ist wichtig, Ihrem inneren Kritiker zu versichern, dass es Ihnen nicht darum geht, ihn zum Schweigen zu bringen oder zu verbannen, sondern ihn vielmehr zu verstehen und mit ihm zusammenzuarbeiten.

Betrachten Sie die Analogie eines strengen Elternteils, der trotz seiner Härte wirklich davon überzeugt ist, dass er im besten Interesse des Kindes handelt. Wenn dieser Elternteil mit echter Neugier und nicht mit Urteilsvermögen angesprochen wird, kann es sein, dass er sich langsam öffnet. Ebenso kann Ihr innerer Kritiker mit Beharrlichkeit und Geduld beginnen, Ihren Absichten zu vertrauen.

Wenn der Kritiker weiterhin widerspenstig bleibt, fragen Sie ihn, was er befürchtet, was passieren würde, wenn er mit Ihnen in einen Dialog treten würde. Oft wird darin die Sorge zum Ausdruck gebracht, dass man entlassen oder ignoriert wird.

Beispiel für den Umgang mit einem misstrauischen inneren Kritiker

Hier ist eine anschauliche Sitzung zwischen einer Klientin, Sharon, und ihrem inneren Kritiker, moderiert von ihrer Therapeutin Becky.

Becky: Bitten Sie den Kritiker, zu erklären, was er mit Ihrer Kritik erreichen möchte.

Sharon: Es antwortet nicht; Es will mich nur noch einmal beschimpfen.

Becky: Fragen Sie, ob es Ihnen nicht vertraut oder ob es mir nicht vertraut.

Sharon: Das ist egal.

Becky: Es will dich also nur beschimpfen, ohne seine Rolle zu besprechen?

Sharon: Ja.

Becky: Fragen Sie, was es befürchtet, wenn es Ihre Fragen beantworten würde.

Sharon: Es hat Angst, dass du es verschwinden lässt.

Becky: Versichern Sie ihm, dass wir nicht vorhaben, es verschwinden zu lassen. Erklären Sie, dass wir es verstehen und uns damit verbinden wollen.

Sharon: Da steht: „Ich mache diesen Job gern."

Becky: Fragen Sie es, was es mit dieser Arbeit erreichen möchte.

Sharon: Es will, dass ich härter arbeite und es besser mache. Ich bin so faul! Ich muss mich mehr anstrengen.

Becky: Der Kritiker versucht Sie also zu motivieren, härter zu arbeiten. Was erhoffen Sie sich von einer härteren Arbeit?

Sharon: Zustimmung meines Chefs, bessere Aufgaben, interessantere Projekte und eine Gehaltserhöhung.

Becky: Es möchte, dass Sie Zustimmung und Anerkennung erhalten.

Sharon: Ja, es möchte, dass ich mich kompetent und klug fühle.

Becky: Fragen Sie, wie die Beurteilung Ihrer Meinung nach dabei helfen wird, dieses Ziel zu erreichen.

Sharon: Sie glaubt, dass ich härter arbeiten und es besser machen werde, wenn ich mich antreibe.

Becky: Was fürchtet es, wenn es Sie nicht drängen und verurteilen würde?

Sharon: Es besteht die Angst, dass ich faul bin, schlecht arbeite und als Versager angesehen werde.

Becky: Es soll Sie also davor schützen, herabgewürdigt zu werden, und Ihnen dabei helfen, Anerkennung zu erlangen.

Sharon: Ja, es heißt, dass du es verstehst.

Becky: Ergibt das für dich Sinn, Sharon?

Sharon: Ja, ich verstehe den Sinn.

Durch diesen Prozess begann Sharon die positiven Absichten ihres inneren Kritikers zu verstehen, was zu einer harmonischeren Beziehung führte. Die Erkenntnis, dass ihr Kritiker darauf abzielte, sie zu schützen und zu motivieren, ermöglichte es Sharon, ihre Rolle zu würdigen und auf einen konstruktiveren Dialog hinzuarbeiten.

Indem Sie neugierig und verständnisvoll mit Ihrem inneren Kritiker interagieren, können Sie eine raue innere Stimme in einen unterstützenden Verbündeten verwandeln. Dieser Wandel reduziert nicht nur interne Konflikte, sondern ebnet auch den Weg für tiefere Heilung und persönliches Wachstum. Die Reise erfordert Geduld, Beharrlichkeit und die Bereitschaft, die komplexen Beweggründe hinter Ihrer Selbstkritik zu erforschen. Auf diese Weise entdecken Sie das innewohnende Gute in Ihnen und bahnen sich den Weg zu größerer Selbstakzeptanz und Selbstbestimmung.

Umarme deine inneren Schatten

Es mag kontraintuitiv klingen, aber was wir oft als unsere „dunklen" oder „negativen" Eigenschaften wahrnehmen, kann tatsächlich unsere größte Kraftquelle sein. Bei dieser Idee geht es nicht nur darum, sich besser zu fühlen; Es ist eine tiefe Wahrheit. Die Kämpfe, mit denen wir konfrontiert sind, sind der Schlüssel zu unserer Ermächtigung.

In der modernen Landschaft der psychischen Gesundheit und des Wohlbefindens ist der Prozess, unsere inneren Kämpfe anzunehmen, kein Mainstream. Dadurch erscheint der Weg zur Selbstheilung entmutigend und überwältigend. Viele Menschen haben nicht gelernt, mit ihren unterdrückten Emotionen umzugehen, ihre Botschaften zu verstehen und gestärkt daraus hervorzugehen.

Heutzutage wird es immer schwieriger, negative Emotionen zu vermeiden und zu unterdrücken. Diese Emotionen sprudeln an die Oberfläche und fordern unsere Aufmerksamkeit.

Wir sehen überall um uns herum Ausdrucksformen von Wut und Schmerz – soziale Unruhen, Gewalt in der Schule und beunruhigende Nachrichtenberichte. Statistiken von ScienceDaily zeigen, dass „121 Millionen Menschen weltweit von Depressionen betroffen sind und 850.000 jedes Jahr Selbstmord begehen."

Es ist verständlich, warum viele von uns das Gefühl haben, in Apathie, Pessimismus und Ablenkung festzustecken. Die Herausforderungen des Lebens zwingen uns, unseren Schmerz anzuerkennen. Es ist ein einfacher Schritt, dennoch entscheiden sich viele dafür, ihre Symptome zu bekämpfen, anstatt sie zu verstehen.

In den sozialen Medien sind Hashtags wie #depressionwarrior und #fightanxiety weit verbreitet. Während der Wunsch, Schmerzen zu überwinden, natürlich ist, ist eine psychische Erkrankung nicht etwas, gegen das man ankämpfen muss. Stattdessen sollte man ihm zuhören und es respektieren.

So wie unser physischer Körper über eine angeborene Intelligenz verfügt, verfügt auch unser emotionales System über eine angeborene Intelligenz. Der Krieg gegen unsere Emotionen, die ein Problem signalisieren wollen, verhindert die Heilung.

Im Jahr 2018 nahm ich bedeutende Veränderungen in meinem Leben vor: Ich beendete eine schmerzhafte Beziehung, zog in eine neue Wohnung, begann einen neuen Job und vollendete mein erstes Buch. In dieser Zeit bin ich enorm gewachsen und habe mehr Traumata verarbeitet, als ich für möglich gehalten hätte. Zum ersten Mal war mein Wachstum offensichtlich – ich musste nicht nach Anzeichen dafür suchen, dass ich weiser und stärker geworden war.

Allerdings war meine Verwandlung weder glamourös noch einfach. Es war kein Kampf, sondern eine Zeit der Selbstbeobachtung – Lesen, Meditieren, Ausruhen, Weinen und alles tun, was ich tun musste.

Bei echter Heilung geht es nicht darum, cool auszusehen. Es ist ein sanfterer, intuitiver Prozess, weshalb sich die Gesellschaft oft dagegen wehrt.

Heilung erfordert, dass wir gegenkulturell sind. Es erfordert Verletzlichkeit und ein tiefes Engagement für uns selbst.

Vor 2018 war ich nicht bereit, mich bedingungslos zu verpflichten. Ich war zu beeindruckend und ließ mich leicht von anderen beeinflussen.

Die größte Lektion, die ich gelernt habe, war, dass meine psychische „Krankheit" keine Krankheit oder Funktionsstörung war. Meine Gefühle waren Boten, die ich ignoriert und beurteilt hatte. Meine negativen Gefühle waren Verbündete, keine Feinde.

Negative Emotionen sind nichts, was man bekämpfen oder beheben kann, genauso wenig wie man sein Immunsystem bekämpfen würde. Dies ist ein häufiges Missverständnis.

Viele Menschen heilen nie, weil sie die Symptome mit dem Problem verwechseln. Die Symptome sind negative Emotionen, aber die Grundprobleme liegen tiefer. Beispielsweise könnten Sie deprimiert sein, weil Sie sich nicht frei äußern, gepaart mit der Angst, dafür verurteilt zu werden, dass Sie sich äußern.

Unser Unterbewusstsein enthält viele Schichten negativer Überzeugungen und Ängste, aber wir sehen oft nur die Symptome (z. B. Depressionen, Angstzustände). Ich habe einen Großteil meines Lebens damit verbracht, meine Emotionen zu lösen, bis ich einen effektiveren Ansatz entdeckte: ihnen zuzuhören.

1. Hören Sie auf Ihre Gefühle

Der erste Schritt ist einfach. Wenn unangenehme Gefühle aufkommen, nehmen Sie sich Zeit zum Zuhören. Meditieren Sie und geben Sie Ihren Emotionen Raum, sich auszudrücken. Alternativ können Sie auch Ihre negativen Gefühle aufschreiben. Konzentrieren Sie sich auf das, womit Sie gerade zu kämpfen haben, und lassen Sie diese Emotionen sprechen.

2. Stellen Sie Fragen zu Ihren Emotionen

Überraschenderweise ist es einfach, Antworten aus Ihrem Unterbewusstsein zu erhalten. Wenn Emotionen Aufmerksamkeit und bedingungslose Liebe erfahren, enthüllen sie, was Sie wissen müssen. Die Anleitung mag klein oder bedeutsam sein, wird aber dazu beitragen, Ihre Symptome zu lindern und den Beginn einer echten Heilung einzuleiten.

3. Üben Sie Dankbarkeit für Ihre Symptome

Das ist eine Herausforderung, aber entscheidend. Die Symptome führen Sie zur Ausrichtung Ihres Lebens. Sie sind wie Kinder, die Wutanfälle bekommen; Wenn man sie ignoriert, werden sie lauter. Machen Sie Frieden mit Ihren Symptomen, so wie Sie es mit einem Freund nach einem Streit tun würden. Allmählich werden Sie bemerken, wie Ihre Symptome Sie zu Lösungen führen und es Ihnen leichter fällt, dafür dankbar zu sein.

4. Setzen Sie auf Langstrecken

Das mag zunächst entmutigend wirken. Aber im Nachhinein erkenne ich, dass der Versuch, überstürzt ein „perfektes" Leben zu erreichen, Zeitverschwendung war. Wenn Sie sich langfristig engagieren, geben Sie sich nicht selbst auf. Sie werden keine schnellen Lösungen oder oberflächliche Perfektion suchen. Wenn man sich einmal engagiert, kann die Heilung schneller und erfreulicher vonstatten gehen.

Wenn Sie mit Ihrer Weisheit am Ende sind, machen Sie eine Pause. Hören Sie auf, sich zu widersetzen, und versuchen Sie einen neuen Ansatz. Was ist, wenn Ihre Gefühle versuchen, Ihnen weiterzuhelfen?

Wann haben Sie das letzte Mal auf Ihr Spiegelbild geschaut und sich selbst Liebe entgegengebracht? Bevor ich die lebensverändernde Kraft der Selbstliebe entdeckte, war es Jahre her, seit ich mir selbst Mitgefühl gezeigt hatte. Dies ist die Geschichte, wie ich meinen Selbsthass in Selbstliebe verwandelt habe, wie es mein Leben verändert hat, und einige praktische Tipps für Sie, wie Sie Selbstliebe in Ihrem eigenen Leben praktizieren können.

Lange Zeit glaubte ich, Selbstliebe sei unnötig, ja sogar schädlich. Wie viele andere war auch ich von der „Hektik und Hektik"-Mentalität geprägt. Diese Mentalität gab mir einen Vorwand, meine Gewohnheiten der Selbstkritik und Selbstvernachlässigung fortzusetzen.

Ich wurde ständig mit Nachrichten bombardiert, in denen ich aufgefordert wurde, härter zu arbeiten. Eine unerbittliche innere Stimme beharrte: „Du bist noch nicht gut genug! Du bist ein Versager! Du verdienst keinen Erfolg! Arbeiten Sie weiter härter, sonst werden Sie sich nie verbessern!"

Sagte diese Stimme die Wahrheit?

Ich isolierte mich und war überzeugt, dass ich es nicht verdient hatte, Zeit mit Freunden zu genießen. Ich ignorierte meine eigenen Bedürfnisse und die Bedürfnisse derer, die mir wichtig waren.

Jeder Tag fühlte sich wie ein Kampf an, eine monotone Wiederholung voller Scham und Schuldgefühle. Es gab nichts, worauf man sich freuen konnte.

Diese Einstellung hat meine Umstände nur verschlimmert. Aber ich weigerte mich, das Problem zu erkennen. Alles, was zählte, war die Produktivität.

Selbstbestrafung wurde zu meiner Standardreaktion auf jeden Fehler oder jede Konzentrationsschwäche.

Ein einziger Fehler könnte meinen ganzen Tag ruinieren. Ich fühlte mich besiegt und glaubte, dass es keinen Sinn hätte, weiterzumachen, weil „ich bereits versagt hatte". Es fühlte sich an, als ob eine ständige Regenwolke über mir schwebte und unerbittlich herabströmte.

Noch beunruhigender war, wie sich mein Selbsthass auf meinen Umgang mit anderen auswirkte.

Die Negativität, die ich mir selbst entgegenbrachte, wirkte sich darauf aus, wie ich die Menschen um mich herum, einschließlich Freunde und Familie, wahrnahm und behandelte.

Ich habe unglaublich hohe Maßstäbe gesetzt und von allen anderen erwartet, dass sie diese auch erfüllen. Ich war voreingenommen, kritisch und oft unhöflich, ohne mir des Schadens bewusst zu sein, den ich anrichtete.

Ich lebte unbewusst und war mir des Schadens, den mein Verhalten mir selbst und anderen zufügte, nicht bewusst. Ich dachte, ich würde das Richtige tun, aber ich verursachte nur noch mehr Schwierigkeiten.

Die Dinge erreichten einen Bruchpunkt, an dem ich nicht wusste, ob ich weitermachen konnte. Schuld, Scham und Wut waren alles, was ich kannte. Freude fühlte sich wie eine ferne Erinnerung an.

Wie viele andere klammerte ich mich an diese bekannten negativen Emotionen, weil sie zu einem Teil meiner Identität geworden waren. Kurze Momente des Glücks wichen schnell Verzweiflung und Hoffnungslosigkeit.

Ich begann zu vermuten, dass das Leben so sein sollte und dass Leid mein Los war. Ich habe mir das Leben viel schwerer gemacht, als es hätte sein müssen, ohne es überhaupt zu merken.

Die Erkenntnis

Schließlich wurde mir der Schaden, den mein Mangel an Selbstliebe anrichtete, deutlich bewusst. Ich wusste, dass sich etwas ändern musste. Ich konnte so nicht weitermachen.

Ich habe nicht die Fortschritte gemacht, die ich wollte. Ich habe nie innegehalten, um über meinen Zweck, meine Werte oder Ziele nachzudenken. Produktivität war mein einziger Fokus, nicht Beziehungen, Glück oder Gesundheit.

Mein aktuelles Verhalten hatte mich an diesen Punkt geführt. Offensichtlich habe ich etwas falsch gemacht.

Da traf es mich.

Mein Perfektionismus und mein negatives Selbstgespräch waren die Ursachen meines Schmerzes. Sie behinderten mein persönliches Wachstum und sorgten für ständige Herausforderungen und Hoffnungslosigkeit.

Der Selbsthass, den ich hegte, machte mich nicht nur weniger freundlich zu anderen; Es hat mich härter zu mir selbst gemacht.

Die Wut, die ich auf mich selbst richtete, raubte mir die Selbstermutigung, den Optimismus und die positive

Einstellung, die ich brauchte, um voranzukommen, und hielt mich in destruktiven Mustern fest.

Als ich sah, wie talentierte Menschen die Geschichte mit Liebe verändert hatten, entschied ich mich für einen anderen Ansatz. Nur wenige haben durch Wut und Selbsthass Großes erreicht.

Denken Sie an Persönlichkeiten wie Gandhi, Martin Luther King Jr., Nelson Mandela und Mutter Teresa. Diese Transformationsführer haben die Welt verändert, ohne auf Gewalt zurückzugreifen. Trotz ihrer Schwierigkeiten gingen sie mit Frieden, Stille und Entschlossenheit voran.

Es war an der Zeit, auszubrechen und einen neuen Ansatz zu verfolgen – einen, den diese Geschichtsveränderer unterstützen würden.

Der Schalter

Als mir klar wurde, dass ich so lange auf dem falschen Weg gewesen war, begann ich, subtile Veränderungen in meinem Leben vorzunehmen.

Ich begann damit, meine Sicht auf mich selbst zu ändern. Anstatt mich selbst als ein Monster zu sehen, das weder Glück noch Erfolg verdient, begann ich mich als einen anderen Menschen auf einer Reise zu sehen, genau wie alle anderen.

Unvollkommenheiten annehmen

Wir sind alle unvollkommene Wesen auf einer Reise. Was wir brauchen, ist nicht mehr Selbsthass, sondern mehr Ermutigung, Liebe, Freundlichkeit und Mitgefühl.

Meine Unvollkommenheiten waren keine Hindernisse; Sie waren Gelegenheiten zum Lernen, Wachsen und Entwickeln. Jeder Fehler wurde zu einem starken Motivator, weiter voranzuschreiten.

Meine Unvollkommenheiten waren kein Grund, sich darüber aufzuregen, sondern etwas, das ich feiern und wertschätzen musste. Ohne Fehler wäre die Reise der persönlichen Entwicklung weniger erfüllend. Unvollkommenheiten inspirieren uns dazu, eine bessere Version von uns selbst zu werden, aber nur, wenn wir unsere Wahrnehmung von ihnen ändern.

Selbstliebe: Das Portal zur Transformation

Selbstliebe half mir nicht nur, meine Unvollkommenheiten zu erkennen, sondern öffnete mir auch ein Tor zu tiefgreifender Transformation.

Selbstliebe ist der Schlüssel zur persönlichen Entwicklung. Es befreit uns von Fehlern und

Verletzungen der Vergangenheit und ermöglicht es uns, mit Aufregung, Dankbarkeit und Freude voranzuschreiten.

Je mehr ich Selbstliebe praktizierte, desto inspirierter und motivierter fühlte ich mich, meine Grenzen zu überwinden.

Endlich konnte ich der Schleife der Negativität entkommen. Anstatt die gleichen Gedanken und Verhaltensweisen zu wiederholen, begann ich, positive Veränderungen zu bemerken.

Die Veränderung unserer Selbstwahrnehmung beeinflusst unsere Gefühle. Unsere Gefühle beeinflussen unser Handeln, das unsere Ergebnisse bestimmt und unsere Zukunft gestaltet.

Ich habe Selbstmitgefühl und Selbstermutigung der Selbstkritik vorgezogen. Das war nicht einfach, aber es hat einen enormen Unterschied gemacht.

Nachdem ich Unvollkommenheiten angenommen und die Kraft der Selbstliebe erkannt hatte, definierte ich neu, was Selbstliebe für mich bedeutete.

Selbstliebe neu definieren

Eine der größten Herausforderungen bestand darin, meine Sicht auf Selbstliebe neu zu definieren. Ich hatte es zuvor als Schwäche gesehen und geglaubt, es würde mich zurückhalten.

Viele von uns haben ähnliche Überzeugungen, aber sie sind größtenteils falsch.

Bei Selbstliebe geht es darum, das Beste für uns selbst zu tun, unabhängig von unseren Gefühlen. Es ist eine Gewohnheit, ähnlich wie Selbstdisziplin.

Ich begann, Selbstliebe als Katalysator für Wachstum zu sehen. Meine bisherigen Verhaltensweisen hielten mich zurück, also musste sich etwas ändern.

Selbstliebe ist wie eine nahrhafte Mahlzeit, die uns Energie gibt und motiviert, weiter voranzukommen. Je mehr wir uns ernähren, desto mehr Energie haben wir, um unser Leben zu verändern.

Wie können wir unser bestes Selbst werden, wenn wir es vernachlässigen, uns selbst zu ernähren?

Durch Selbstliebe wurde mir klar, dass es umso einfacher wurde, Empathie gegenüber anderen zu zeigen, je mehr Liebe und Mitgefühl ich mir selbst schenkte. Das war eine der wertvollsten Lektionen, die ich gelernt habe.

Wenn wir aufhören, uns selbst an unmögliche Maßstäbe zu binden, hören wir auf, das Gleiche auch anderen anzutun. Es war schwierig, sich von hohen Standards zu befreien, war aber notwendig, um mein ständiges Elend zu lindern.

Wir sind alle einzigartig, mit unterschiedlichen Zielen, Werten und Visionen. Nur weil ich hohe Ansprüche hatte, machte mich das nicht zu einem besseren Menschen.

Meine Denkweise ändern

Selbstliebe machte es einfacher, Herausforderungen zu meistern. Mit Optimismus und Positivität an Herausforderungen heranzugehen, führt zu besseren Ergebnissen als mit Pessimismus.

Ich begann Chancen zu sehen, wo ich einst Hindernisse gesehen hatte. Anstatt aufzugeben, entschied ich mich, durchzuhalten und darauf zu vertrauen, dass alles gut werden würde.

Auf meiner Reise begegnete ich vielen Hindernissen. Es gab Zeiten, in denen das Praktizieren der Selbstliebe eine Belastung war, aber ich vertraute auf ihre transformierende Kraft.

Es ist für uns alle an der Zeit, das Portal der Selbstliebe zu betreten. Dies wird unser Leben auf eine Weise verändern, die wir uns nicht vorstellen können.

Wie man Selbstliebe praktiziert

1. Respektieren Sie Ihre Absichten

Das Halten von Versprechen an uns selbst zeigt Selbstliebe. Bleiben Sie Ihren Zielen, Werten, Ihrem Zweck und Ihrer Vision treu.

2. Klären Sie Ihre Werte und Ihren Zweck

Wenn Sie verstehen, wer Sie sind, was Ihnen wichtig ist und was Ihre Lebensaufgabe ist, können Sie Ihr Handeln an diesen Werten ausrichten. Selbstverständnis ist der Schlüssel zur Selbstliebe.

3. Nehmen Sie Selbstachtung und Dankbarkeit an

Verbringen Sie täglich ein paar Minuten damit, Eigenschaften aufzuschreiben, die Sie an sich selbst bewundern. Das Nachdenken über unsere Erfolge hilft uns zu erkennen, wie erfolgreich wir sind.

4. Ermutigen Sie sich

Anstatt nach Fehlern zur Selbstkritik zu greifen, begeben Sie sich in einen Zustand der Ermutigung. Ermutigen Sie sich, trotz Hindernissen weiterzumachen.

5. Akzeptieren Sie Ihre Unvollkommenheiten und Fehler

Unvollkommenheiten sind Wachstumschancen. Ohne sie wäre die persönliche Entwicklung weniger erfüllend.

6. Umgib dich mit Liebe

Verbringen Sie Zeit mit Menschen, die Sie ermutigen, zur Verantwortung ziehen und inspirieren. Unsere Umgebung und die Menschen, mit denen wir Umgang haben, haben großen Einfluss auf unsere Gewohnheiten und Denkweise.

Denken Sie daran: „Sie selbst verdienen genauso wie jeder andere im Universum Ihre Liebe und Zuneigung."

Fragen zur Selbstreflexion

1. Welche Emotionen sind für Sie am schwierigsten anzuerkennen oder auszudrücken?

____

____

____

____

____

2. Wie reagieren Sie normalerweise, wenn Sie sich von Emotionen überwältigt fühlen?

____

____

____

____

3. Was sagt Ihnen Ihr innerer Kritiker am häufigsten?

____

____

____

____

4. Wie nehmen Sie Ihre inneren Schatten und dunkleren Aspekte Ihrer selbst wahr?

____

____

____

____

5. Welche Schritte haben Sie in Richtung Selbstakzeptanz und Selbstliebe unternommen?

____

____

____

____

____

Transformative Übungen

1. Führen Sie ein Tagebuch, in dem Sie täglich Ihre Emotionen, einschließlich Auslöser und Reaktionen, notieren.

2. Schreiben Sie ein Gespräch zwischen Ihnen und Ihrem inneren Kritiker und hinterfragen Sie dessen negative Botschaften mit Mitgefühl.

3. Identifizieren und umarmen Sie einen Teil Ihres inneren Schattens. Denken Sie über seine Ursprünge nach und wie es sich auf Ihr Leben auswirkt.

4. Entwickeln Sie ein tägliches Ritual der Selbstliebe, indem Sie beispielsweise in den Spiegel schauen und etwas Freundliches zu sich selbst sagen.

5. Nutzen Sie Kunst, Musik oder Schreiben, um Ihre Gefühle auf nonverbale Weise auszudrücken und zu verarbeiten.

KAPITEL 4

KÖRPER UND SEELE WIEDERHERSTELLEN

„Das Leben ist voller Traumata. Allerdings muss die Strafe nicht unbedingt eine lebenslange Haftstrafe sein." Den Kontext zum Verständnis der enormen Auswirkungen von Traumata auf unseren Körper und Geist liefert die folgende Aussage von Peter A. Levine. Einer aktuellen Studie zufolge hinterlässt ein Trauma neben psychischen Wunden auch körperliche Spuren in unserem Körper. Untersuchungen haben gezeigt, dass Menschen mit Traumata in der Vorgeschichte neben anderen chronischen Krankheiten anfälliger für Herzerkrankungen, Diabetes und Autoimmunerkrankungen sind. Der Zusammenhang zwischen unserem geistigen und körperlichen Wohlbefinden lässt sich nicht leugnen, was eine tiefergehende Untersuchung der körperlichen Manifestationen von Traumata und des Heilungsprozesses erfordert.

Die körperlichen Anzeichen eines Traumas sind zahlreich und oft nicht wahrnehmbar, sodass sie leicht ignoriert werden können. Nach einem traumatischen Ereignis gerät unser Körper in einen Zustand der

Wachsamkeit, der als „Kampf-oder-Flucht"-Reaktion bezeichnet wird. Diese Reaktion ist eine evolutionäre Anpassung, die uns kurzfristig vor Gefahren schützen soll. Wiederholte Traumata können jedoch dazu führen, dass dieser Übererregungszustand anhält, was langfristig negative Auswirkungen auf unsere Gesundheit haben kann. Langfristiger Stress kann beispielsweise zu einem hohen Cortisolspiegel führen, der das Immunsystem schwächen, den Blutdruck erhöhen und den Schlafzyklus beeinträchtigen kann. Diese physiologischen Veränderungen können sich in Kopfschmerzen, Magen-Darm-Problemen, verspannten Muskeln oder sogar langfristigen Schmerzstörungen wie Fibromyalgie äußern.

Die Auswirkungen eines Traumas auf das neurologische System gehören zu den grundlegendsten Veränderungen des Körpers. Ein Trauma kann zu einer Fehlregulation des autonomen Nervensystems führen, das unwillkürliche Körperfunktionen steuert. Herzklopfen, Schwindel und ein allgemeines Unbehagen oder Panik können Anzeichen für dieses Ungleichgewicht sein. Darüber hinaus kann ein Trauma die Struktur und Funktion des Gehirns verändern, insbesondere in Regionen, die Emotionen, Gedächtnis und exekutive Funktionen steuern. Diese Veränderungen können die körperlichen Symptome eines Traumas verschlimmern, indem sie Probleme mit der Konzentration, dem Gedächtnis und der emotionalen Kontrolle verursachen.

Wir müssen wieder eine bewusste und fürsorgliche Beziehung zu unserem Körper aufbauen, um von den physischen Narben des Traumas zu heilen. Der erste Schritt in diesem Prozess ist die Entwicklung des Körperbewusstseins, was für Traumaüberlebende schwierig sein kann, da sie möglicherweise eine Bewältigungsstrategie entwickelt haben, bei der sie sich von ihren körperlichen Erfahrungen trennen. Menschen können sich ihres Körpers bewusster werden und lernen, die auftretenden körperlichen Empfindungen zu erkennen und anzuerkennen, indem sie Praktiken wie Körperscans und Achtsamkeit anwenden. Dieses erhöhte Bewusstsein ermöglicht es den Menschen, Stress-, Schmerz- oder Unbehagenbereiche zu erkennen, die mit ungelösten Traumata zusammenhängen können, was ein wesentlicher erster Schritt im Heilungsprozess ist.

Nachdem wir unseren Körper besser verstanden haben, können wir traumabasierte Methoden zur körperlichen Genesung untersuchen. Somatische Erfahrung ist eine von Peter A. Levine entwickelte Therapiepraxis, die darauf abzielt, im Körper festgehaltene Traumata zu lösen. Durch die sorgfältige Unterstützung der Menschen beim Erkennen und Interagieren mit ihren körperlichen Erfahrungen ermöglicht somatisches Erleben dem Körper, die Kampf-oder-Flucht-Reaktion, die während des traumatischen Ereignisses gestoppt wurde, vollständig auszuführen. Die aufgestaute Energie und Anspannung, die zu traumabedingten Erkrankungen beitragen, können durch diese Technik gelöst werden.

Yoga ist eine weitere nützliche Technik zur Behandlung der körperlichen Auswirkungen von Stress, insbesondere traumasensibles Yoga. Traumasensibles Yoga zielt im Gegensatz zu herkömmlichen Yogastilen darauf ab, Traumaüberlebenden einen sicheren und kraftvollen Raum zu geben. Es konzentriert sich auf Sicherheit, Wahlmöglichkeiten und Selbstbestimmung und ermöglicht es den Menschen, in ihrem eigenen Tempo wieder eine gesunde Beziehung zu ihrem Körper aufzubauen. Studien haben gezeigt, dass traumasensibles Yoga die körperlichen Gesundheitsmerkmale wie Herzfrequenzvariabilität und Cortisolspiegel verbessert und die Symptome von Angst, Verzweiflung und posttraumatischer Belastungsstörung (PTSD) drastisch senkt.

Eine weitere nützliche Technik im Heilungsprozess ist die Massage. Ein Trauma kann dazu führen, dass die Muskeln des Körpers angespannt und gestresst sind, was zu anhaltenden Schmerzen und Beschwerden führen kann. Durch die Unterstützung beim Lösen dieser Verspannungen kann eine Massagebehandlung ein Gefühl des Wohlbefindens und der Entspannung hervorrufen. Darüber hinaus kann die heilende Berührung, die in die Massagetherapie einfließt, ein Gefühl der Sicherheit und Nähe vermitteln, das für Traumaüberlebende, die möglicherweise keinen fürsorglichen Kontakt erhalten haben, von entscheidender Bedeutung ist.

Bewegung ist für den Genesungsprozess nach einem Trauma unerlässlich. Regelmäßige körperliche Aktivität hilft, Stresshormone abzubauen, die Stimmung zu verbessern und das Nervensystem zu kontrollieren. Übungen wie Schwimmen, Tanzen, Walken und Joggen können besonders hilfreich sein, da sie nicht nur die körperliche Gesundheit verbessern, sondern auch ein Gefühl der Entscheidungsfreiheit und Selbstbestimmung hervorrufen. Sport hilft, Spannungen und Stress abzubauen, indem er die Freisetzung von Endorphinen fördert, die natürlich vorkommende Stimmungsaufheller sind.

Die Bereitstellung von Nährstoffen für den Körper ist ein weiterer wesentlicher Bestandteil der Trauma-Recovery-Pflege. Ein Trauma kann zu Problemen mit dem Verdauungssystem und Störungen des Essverhaltens führen, was zu Magen-Darm-Erkrankungen wie Reizdarmsyndrom führen kann. Eine nährstoffreiche und ausgewogene Ernährung kann die allgemeine Gesundheit und das Wohlbefinden fördern. Fischöl, das Omega-3-Fettsäuren enthält, lindert nachweislich Entzündungen und steigert die kognitive Leistungsfähigkeit; Probiotika hingegen können den Darm unterstützen und Verdauungsprobleme lindern. Die Aufrechterhaltung einer ausreichenden Flüssigkeitszufuhr und der Verzicht auf übermäßigen Alkohol- und Koffeinkonsum können ebenfalls zur Stimmungs- und Energiestabilisierung beitragen.

Die Heilung von Traumata erfordert die Schaffung einer unterstützenden Umgebung. Dazu gehört, dass man sich mit ermutigenden, einfühlsamen und verständnisvollen Menschen umgibt. Gemeinschaftsaktivitäten, Beratung und Selbsthilfegruppen können dazu beitragen, sinnvolle Beziehungen aufzubauen und das Gefühl der Einsamkeit zu lindern. Der Heilungsprozess hängt davon ab, dass es einen sicheren Ort gibt, an dem Menschen ihre Erfahrungen und Gefühle teilen können, ohne Angst haben zu müssen, beurteilt zu werden.

Wir können auf ein gesünderes und kohärenteres Selbstgefühl hinarbeiten, indem wir die physischen Auswirkungen von Traumata behandeln und traumasensible Heiltechniken anwenden. Letztendlich wird uns dies dabei helfen, uns von den Fesseln der Vergangenheit zu befreien und uns auf eine vielversprechendere Zukunft einzulassen.

Ich möchte mich mit einem wichtigen, aber oft übersehenen Thema befassen: unserer Atmung.

„Was meinst du mit unserem Atem? Machen wir das nicht ständig? Warum muss ich darüber lesen?"

Ja, das Atmen ist eine automatische Funktion, aber wussten Sie, dass es verschiedene Arten des Atmens gibt? Die Art und Weise, wie wir atmen, kann unser geistiges und körperliches Wohlbefinden erheblich beeinflussen. Umgekehrt kann unser emotionaler Zustand unsere Atemmuster beeinflussen, insbesondere bei Stress.

Stellen Sie sich folgende Szenarien vor:

Szenario 1: Sie werden von einem Grizzlybären verfolgt

In dieser Stresssituation atmen Sie wahrscheinlich schnell und flach, saugen nur wenig Luft in Ihre Lungen und dehnen Ihren Brustkorb stark aus. Dies wird als Brust- oder Brustatmung bezeichnet.

Die Brustatmung aktiviert unser sympathisches Nervensystem und löst die Kampf-oder-Flucht-Reaktion aus. Dies ist zwar unerlässlich, um einer unmittelbaren

Gefahr zu entkommen, beispielsweise bei der Flucht vor einem Grizzlybären oder bei intensiver sportlicher Betätigung, geschieht jedoch oft unnötig und führt dazu, dass wir uns ängstlicher und gestresster fühlen.

Szenario 2: Sie haben gerade etwas Entspannendes getan und fühlen sich ruhig

Wenn Sie dagegen ruhig sind, atmen Sie wahrscheinlich langsam und tief, spannen Ihr Zwerchfell vollständig an und dehnen Ihren Bauch beim Einatmen aus. Dabei handelt es sich um Zwerchfell- oder Bauchatmung.

Die Zwerchfellatmung stimuliert das parasympathische Nervensystem, was Entspannung und Ruhe fördert.

Diese Art der Atmung ist wohltuend für Geist und Körper. Wissenschaftliche Untersuchungen haben gezeigt, dass die Zwerchfellatmung Menschen helfen kann, die unter posttraumatischer Belastungsstörung, Schmerzen, Depressionen, Angstzuständen und anderen Erkrankungen leiden. Seine Bedeutung wird von seriösen Quellen wie NPR, Harvard, TIME, der New York Times, den National Institutes of Health und dem Wall Street Journal anerkannt.

Als jemand, der in nicht bedrohlichen Situationen häufig die Kampf-oder-Flucht-Reaktion erlebt (eine Arbeit in

Arbeit!), kann ich persönlich bestätigen, wie tiefes Atmen die Auswirkungen von Anspannung, Stress und Ängsten lindert.

Bevor ich die tiefe Bauchatmung erlernte, wechselte ich aus Sorge um Beziehungen, Finanzen, Fristen oder Gesundheit häufig in den Kampf-oder-Flucht-Modus, was meinen Stress nur noch verschlimmerte.

Ich wollte meinen Körper und Geist nicht ständig wegen dieser Themen in unnötige Hektik versetzen.

Alles änderte sich, als ich meine Reise in die Welt des Yoga begann.

Beim Yoga ließ mich mein Lehrer hinlegen und eine Hand auf unseren Bauch und die andere auf unser Herz legen. Sie wies uns an, uns vorzustellen, wie sich unser Atem beim Einatmen in unserem Bauch ausdehnt, wie sich unser Zwerchfell zusammenzieht und wie sich dann beim Ausatmen die Luft aus unserem Bauch entleert.

Wir wechselten zwischen dem Einatmen durch die Nase und dem Ausatmen durch den Mund ab und seufzten manchmal hörbar, um Spannungen abzubauen (das kann ich wärmstens empfehlen – es fühlt sich großartig an!).

Am Ende des Unterrichts praktizierten wir Pranayama, die alte Kunst der Atemkontrolle, und hinterließen bei mir ein tiefes Gefühl der Ruhe. Wenn Sie neugierig sind, können Sie mehr über Pranayama lesen.

Ich habe die Atemübungen, die ich im Yoga gelernt habe, in meinen Alltag integriert. Immer wenn ich mich überfordert, gestresst, ängstlich oder unruhig fühlte, brachten ein paar Minuten Bauchatmung sofortige Erleichterung.

Die Einschränkungen und Vorteile der tiefen Atmung

Auch wenn tiefes Atmen kein Allheilmittel ist und die zugrunde liegenden Stressursachen nicht beseitigt, kann es ein vorübergehendes Gefühl der Ruhe vermitteln und Ihnen helfen, in herausfordernden Situationen Klarheit zu gewinnen und rational zu denken.

Wenn Sie tiefes Atmen ausprobieren möchten, finden Sie hier ein paar Übungen für den Einstieg:

Allgemeine tiefe Atmung

Diese einfache Technik kann überall durchgeführt werden. Suchen Sie sich einen bequemen Platz zum Sitzen oder Liegen und nehmen Sie sich einen Moment Zeit, um auf natürliche Weise zu atmen.

Wenn Sie bereit sind, atmen Sie langsam durch die Nase ein, damit sich Ihr Bauch vollständig ausdehnen kann. Ich finde es hilfreich, die Augen zu schließen, aber Sie können sie auch offen lassen, wenn Sie möchten.

Atmen Sie dann langsam durch Mund oder Nase aus und spüren Sie, wie sich die Luft in Ihrem Bauch allmählich entleert. Wenn Sie Ihre Hände auf Ihren Bauch legen, können Sie die Bewegung besser spüren.

Probieren Sie diese Atemtechnik mindestens acht Mal ein und aus. Experimentieren Sie mit unterschiedlichen Dauern und der Atmung durch Mund oder Nase und finden Sie heraus, was für Sie am besten funktioniert.

Vier-Sieben-Acht-Technik

Diese Technik beinhaltet das Zählen, um die Bauchatmung zu verbessern. Atmen Sie durch die Nase ein, zählen Sie bis vier, halten Sie den Atem an, zählen Sie bis sieben, und atmen Sie aus, zählen Sie bis acht.

Indem wir unseren Atem bewusst kontrollieren, können wir unseren geistigen und körperlichen Zustand verändern und von Stress zu Ruhe gelangen. Probieren Sie diese Übungen aus und erleben Sie den Unterschied.

Ist es Ihnen schon einmal schwergefallen, etwas Gutes zu tun, aber nachdem Sie es getan haben, haben Sie sich großartig gefühlt und sich gefragt, warum Sie es so lange aufgeschoben haben? Genau so fühlte ich mich, als ich meditierte. Jahrelang habe ich Ausreden gefunden, nicht konsequent zu meditieren, obwohl ich wusste, dass selbst fünf Minuten am Tag mir helfen könnten, ruhiger, weniger ängstlich und präsenter zu werden.

Ich habe mit mir selbst geredet, als ob ich mindestens dreißig Minuten bräuchte, und dafür hatte ich keine Zeit, warum sollte ich es also überhaupt mit fünf Minuten versuchen? Ich wusste, dass Meditation mir bei meinen Ängsten helfen könnte, aber ich beklagte die Tatsache, dass ich zu nervös war, um still zu sitzen. Ich murrte über meine laute Umgebung, obwohl Meditation unsere Konzentrationsfähigkeit und den Umgang mit Unterbrechungen verbessert. Und die häufigste Begründung, die ich vorbringe, ist: „Bei mir funktioniert es einfach nicht."

Es hat nicht „funktioniert", weil ich natürlich nicht konsequent war. Als ich schließlich meditiert habe, habe ich mich nicht auf die Erfahrung eingelassen;

Stattdessen wurde ich von meinen rasenden Gedanken frustriert, als ob ein Topf nicht kochen wollte. Ich ging mit einer perfektionistischen Mentalität darauf ein und dachte, dass mein Geist völlig klar sein müsse, um „gut" in der Meditation zu sein.

Als ich entdeckte, dass ich meine Meditationspraxis an meine Bedürfnisse, Stimmungen und meinen Zeitplan anpassen konnte, änderte sich alles. Das Einzige, was ich tun musste, war, aufzutauchen, mich von meinen Gedanken zu distanzieren und bewusst auf mein Innenleben zu achten. Die Praxis selbst, mit all ihrer geistigen Verwirrung und Verwirrung, war der Weg zu mehr Klarheit in meinem Alltag; völlige geistige Klarheit war nicht nötig.

Selbst nur fünf Minuten regelmäßige Meditation am Tag können Ihnen helfen, besser zu schlafen, Ihre Emotionen zu kontrollieren, widerstandsfähiger zu werden und eine Vielzahl medizinischer Krankheiten zu lindern und zu vermeiden. Es gab noch nie eine Angewohnheit, die so viele Aspekte Ihres Lebens auf einmal verbessert. Meditation verbessert die Konzentration, Präsenz und körperliche Gesundheit und reduziert gleichzeitig Stress, Angst, Verzweiflung und

Wut. Es betrifft alle Aspekte des Lebens, einschließlich Beziehungen, Beschäftigung und Freizeitaktivitäten.

Fünf Minuten am Tag können im Laufe der Zeit in allem einen großen Unterschied machen. Probieren Sie diese, meine persönlichen Favoriten, aus, wenn Sie neu in der Meditation sind oder nach verschiedenen Möglichkeiten suchen, Achtsamkeit in Ihren Alltag zu integrieren:

#1. Verwendung unterschiedlicher Nasenlochatmung

Atmen Sie durch das rechte Nasenloch ein, während Sie das linke Nasenloch mit dem Daumen geschlossen halten. Atme tief ein und verschließe beide Nasenlöcher mit dem linken Zeigefinger. Atmen Sie aus, nachdem Sie Ihr linkes Nasenloch geöffnet haben. Atmen Sie durch das linke Nasenloch ein, während Sie das rechte Nasenloch geschlossen halten. Halten Sie den Atem an, während Sie mit dem Daumen das linke Nasenloch verschließen. Atmen Sie aus, nachdem Sie Ihr rechtes Nasenloch geöffnet haben. Davon gibt es nur einen Satz. Um die linke und rechte Gehirnhälfte ins Gleichgewicht zu bringen, Ihr Nervensystem zu beruhigen und ein Gefühl von Wohlbefinden und Entspannung zu fördern, beenden Sie mindestens fünf Sätze.

#2 – Die 100-Atemzüge-Methode

Schließen Sie die Augen, stellen Sie Ihre Füße fest auf den Boden und spüren Sie, wie sich Ihr Rücken am Stuhl lehnt. Bringen Sie sich sanft in den gegenwärtigen Moment. Denken Sie beim Einatmen an „und" und lassen Sie die Zahl los, die jedem Ein- und Ausatmen entspricht (atmen Sie „und" ein, lassen Sie „eins" los; atmen Sie „und" aus, lassen Sie „zwei" los). Atmen Sie durch die Nase und zählen Sie dabei. Spüren Sie, wie sich Ihr Bauch bei jedem Atemzug hebt, und wenn Sie bis 100 zählen, lassen Sie Ihre Atmung langsamer werden. Während Sie aus Dankbarkeit für den geistigen Freiraum, den Sie geschaffen haben, den Kopf neigen, öffnen Sie Ihre Augen und beugen Sie Ihre Finger und Zehen.

#3. Ganzkörper-Atemscan

Während Sie Ihren Bauch strecken und tief durch die Nase einatmen, zählen Sie bis fünf. Stellen Sie sich vor, dass Ihre Füße von einem wohligen, angenehmen Licht erfüllt sind. Erlauben Sie sich, eventuelle Spannungen in Ihren Lippen zu lösen, indem Sie fünf Mal durch die Lippen ausatmen. Fahren Sie damit fort, bis Sie Ihren Kopf erreichen, dann Ihre Knöchel, Schienbeine, Knie usw. Sie werden sich auf jeden Fall leichter, ruhiger und wohler fühlen, nachdem Sie Ihren gesamten Körper gescannt haben.

#4. Lippenberührendes Einatmen

Ihr parasympathisches Nervensystem kann ein Gefühl der Ruhe und Entspannung vermitteln, wenn Ihr sympathisches Nervensystem hypervigilant ist. Der einfachste Ansatz, das parasympathische Nervensystem zu aktivieren, besteht laut Rick Hansons Buch „Buddha's Brain" darin, die Lippe leicht mit zwei Fingern zu berühren. Diese einfache Methode kann überall und jederzeit für Gelassenheit sorgen. Sagen Sie sich: „Ich bin in Sicherheit", während Sie sanft Ihre Lippen berühren und einatmen.

5. Beim Spazierengehen Achtsamkeit üben

Wenn möglich, suchen Sie sich einen ruhigen Ort zum Spazierengehen im Freien. Um näher am Boden zu sein, gehen Sie barfuß spazieren, sofern dies gefahrlos möglich ist. Atmen Sie einige Momente tief durch und achten Sie dabei auf eine gerade Wirbelsäule, entspannte Schultern und entspannte Arme. Treten Sie im Einklang mit Ihrer Atmung vor, wobei der rechte Fuß einatmet und der linke Fuß ausatmet. Erleben Sie Ihre

Umgebung mit allen Sinnen. Ziel ist es, beim Gehen präsent zu sein und nicht an einen Ort zu gelangen.

#6. Die ruhige Dusche

Stehen Sie unter einem perfekt erhitzten Wasserstrahl und lassen Sie alle anderen Gedanken los. Achten Sie auf Ihre Sinne. Genießen Sie das Gefühl, wie das Wasser über Ihren Rücken, Ihre Waden und Fersen rinnt. Wenn Ihre Gedanken in die Vergangenheit oder in die Zukunft wandern, achten Sie darauf. Stellen Sie sich vor, dass diese Gedanken verschwinden, und konzentrieren Sie sich dann wieder darauf, sich geistig und körperlich zu reinigen.

7. Meditation über Aufgaben

Machen Sie routinemäßige Hausarbeit zu einer Meditation. Das Abwaschen des Geschirrs kann eine erfreuliche und beruhigende Aufgabe sein. Genießen Sie das Gefühl von warmem Wasser auf Ihren Händen, während Sie genüsslich etwas Unreines reinigen. Konzentrieren Sie sich nur auf die anstehende Aufgabe; Denken Sie nicht daran, fertig zu werden oder Ihren nächsten Schritt zu tun. Machen Sie die Dinge gut und langsam und finden Sie dabei Akzeptanz und Präsenz.

8. Achtsames Essen

Machen Sie die Mahlzeiten zu einer Zeit der Meditation. Atmen Sie tief ein und erkennen Sie die unterschiedlichen Aromen, die von jedem Gericht auf Ihrem Teller ausgehen. Genießen Sie die Mahlzeit, die vor Ihnen liegt, indem Sie zwischen jedem Bissen langsam und tief durchatmen. Konzentrieren Sie sich auf das Gefühl der Gabel in Ihrer Hand, wenn Ihre Gedanken abschweifen. Achten Sie auf den Akt des Essens.

Nutzen Sie den ganzen Tag über eine dieser Methoden, um die Vorteile zu erleben. Schon fünf Minuten können eine Wirkung haben, aber wenn Sie erst einmal loslegen, verspüren Sie möglicherweise den Wunsch, mehr zu tun. Ein paar Momente völliger Präsenz können in einer Welt voller Stress und Ablenkungen sehr beruhigend sein.

Fragen zur Selbstreflexion

1. Wie hat sich das Trauma in Ihrem physischen Körper manifestiert?

____

____

____

____

2. Welche körperlichen Aktivitäten helfen Ihnen, sich stärker mit Ihrem Körper verbunden zu fühlen?

____

____

____

____

3. Wie wirkt sich bewusstes Atmen auf Ihren emotionalen Zustand aus?

____

____

____

____

4. Welche Erfahrungen haben Sie mit Meditations- oder Achtsamkeitsübungen gemacht?

____

____

____

____

5. Wie pflegen Sie Ihren Körper und Ihre Seele täglich?

____

____

____

____

____

Transformative Übungen

1. Machen Sie täglich eine Bodyscan-Meditation, um traumabedingte körperliche Spannungen zu erkennen und zu lösen.

2. Konzentrieren Sie sich jeden Tag fünf Minuten lang ausschließlich auf Ihren Atem, beobachten Sie seinen natürlichen Rhythmus und beruhigen Sie Ihren Geist.

3. Nehmen Sie an sanften körperlichen Aktivitäten wie Yoga oder Tai Chi teil, die das Körperbewusstsein und die Entspannung fördern.

4. Üben Sie achtsames Essen, indem Sie jeden Bissen genießen und auf die Konsistenz, den Geschmack und die Empfindungen achten.

5. Etablieren Sie eine regelmäßige Meditationspraxis, beginnen Sie mit nur 5 Minuten pro Tag und steigern Sie die Dauer schrittweise.

KAPITEL 5

DIE KRAFT DER GEDANKEN UND GEFÜHLE

Das Leben ist ein Wirbelsturm von Emotionen, die sowohl erhebend als auch herausfordernd sind. Wir alle erleben Momente, in denen unsere Gefühle unser Handeln zu bestimmen scheinen und uns oft auf Wege führen, die wir lieber meiden würden. Stellen Sie sich vor, Sie wären so wütend, ängstlich oder überfordert, dass Ihre Reaktionen das Problem nur noch verstärken. Emotionen dienen als Indikatoren und signalisieren, wenn etwas aus dem Gleichgewicht gerät. Wut kann zum Beispiel ein Zeichen dafür sein, dass etwas nicht stimmt.

Emotionen üben einen erheblichen Einfluss aus. Sie prägen unsere Interaktionen, finanziellen Entscheidungen, unsere Fähigkeiten zur Problemlösung und wie wir unsere Zeit verbringen. Die Verbesserung unserer emotionalen Managementfähigkeiten kann unsere geistige Belastbarkeit stärken. Die ermutigende Nachricht ist, dass jeder den Umgang mit seinen Emotionen verbessern kann. Es ähnelt dem Verfeinern einer Fertigkeit in einem Spiel – es erfordert ständige Übung und Ausdauer.

Der Umgang mit Emotionen bedeutet jedoch nicht, sie zu unterdrücken. Das Ignorieren von Gefühlen der Traurigkeit oder des Schmerzes wird nicht dazu führen, dass sie verschwinden. Tatsächlich können sich unbehandelte Emotionen mit der Zeit verstärken. Ihre Vernachlässigung kann zu schädlichen Verhaltensweisen wie übermäßigem Essen oder übermäßigem Trinken führen.

Die Reise des Lebens ist voller Höhen und Tiefen, sodass Stress zu einem natürlichen Teil unserer Erfahrung wird. Aber wenn Angst oder Wut uns überwältigen, geraten unsere Entscheidungen ins Stocken. Wir alle haben in der Hitze eines Streits schon einmal bedauerliche Dinge gesagt oder aus Angst Gelegenheiten verpasst.

Die gute Nachricht ist, dass ein besseres emotionales Management in greifbarer Nähe ist und zahlreiche Vorteile mit sich bringt. Untersuchungen zeigen, dass effektives Emotionsmanagement mit höheren Erfolgsraten, größerem Glück und sogar finanzieller Stabilität einhergeht. So wie wir unseren Geist trainieren, kritisch zu denken, verhindert das Lernen, unsere Emotionen zu kontrollieren, impulsive

Handlungen, die unseren Erfolg beeinträchtigen könnten. Es ermöglicht uns auch, Entscheidungen zu treffen, die unseren Werten und Überzeugungen entsprechen.

Die Beherrschung Ihrer Emotionen hat mehrere Vorteile:

1. Die Grundursachen verstehen

Wenn Sie die Kontrolle über Ihre Emotionen erlangen, haben Sie die Möglichkeit zu verstehen, warum Sie sich auf eine bestimmte Weise fühlen. Wenn Sie beispielsweise darauf verzichten, bei einer Provokation wütend um sich zu schlagen, stellen Sie möglicherweise fest, dass Ihre Frustration eher auf ein früheres Ereignis als auf die aktuelle Situation zurückzuführen ist.

2. Wissen, wann Sie Hilfe suchen müssen

Die Regulierung Ihrer Emotionen steigert Ihr Bewusstsein dafür, wann Sie Unterstützung suchen sollten. Wenn Sie beispielsweise von starker Angst im Zusammenhang mit einer posttraumatischen Belastungsstörung überwältigt werden, kann das Erkennen dieser Emotion Sie dazu veranlassen, einen Psychologen aufzusuchen. Dieses Selbstbewusstsein ist ein Schlüsselaspekt der emotionalen Kontrolle.

3. Reduzierung negativer Auswirkungen

Das Unterdrücken von Emotionen führt oft zu schlechten Reaktionen. Zu einem wirksamen Emotionsmanagement gehört es, diese Emotionen anzuerkennen, zu erleben und dann loszulassen. Indem Sie negative Gefühle ohne impulsive Reaktionen ansprechen, ersparen Sie sich erheblichen Stress.

4. Beziehungen verbessern

Wer sich mit emotionaler Regulierung auskennt, kann Unterstützung bieten, wenn andere negativ reagieren. Wenn zum Beispiel jemand seine Wut auf Sie richtet und antwortet: „Sie scheinen verärgert zu sein; wie kann ich helfen, die Situation zu entschärfen?" kann Spannungen entschärfen, anstatt sie zu eskalieren.

5. Schädliches Verhalten vermeiden

Das Versäumnis, mit Emotionen umzugehen, führt oft zu ungesunden Bewältigungsmechanismen wie übermäßigem Essen, Alkohol- oder Drogenkonsum. Indem Sie Ihre Emotionen regulieren, können Sie achtsames Essen üben und eine gesündere Lebensweise wählen.

Bei der Emotionskontrolle geht es nicht darum, Emotionen zu eliminieren, sondern darum, sie effektiv zu verstehen und zu bewältigen. Diese Meisterschaft kann Ihr Leben verändern und zu besseren Entscheidungen, gesünderen Beziehungen und allgemeinem Wohlbefinden führen. Indem Sie emotionale Regulierung praktizieren, befähigen Sie sich, die Herausforderungen des Lebens mit Anmut und Belastbarkeit zu meistern.

Schritte zur Beherrschung Ihrer Emotionen

1. Erkennen Sie Ihre Gefühle an

Bevor Sie beginnen können, mit Ihren Emotionen umzugehen, ist es wichtig, sie zu erkennen. Sind Sie besorgt? Enttäuscht? Traurig? Oft kann Wut verletzlichere Emotionen wie Scham oder Verlegenheit überdecken. Versuchen Sie herauszufinden, was wirklich in Ihnen vorgeht.

Nehmen Sie sich einen Moment Zeit, um Ihre Emotionen zu identifizieren und zu benennen. Möglicherweise verspüren Sie eine Mischung aus Gefühlen – wie Angst, Frustration und Ungeduld. Indem Sie Ihre Emotionen kennzeichnen, können Sie deren Intensität verringern und besser verstehen, wie sie Ihre Entscheidungen beeinflussen könnten.

2. Formulieren Sie Ihre Gedanken neu

Emotionen prägen Ihre Interpretation von Ereignissen. Wenn Sie beispielsweise besorgt sind und eine E-Mail von Ihrem Chef mit der Bitte um ein Treffen erhalten, gehen Sie möglicherweise davon aus, dass Sie in Schwierigkeiten stecken. Wenn Sie hingegen positiv gestimmt sind, denken Sie vielleicht, dass es sich um eine Beförderung handelt.

Betrachten Sie die emotionale Linse, durch die Sie die Welt betrachten, und formulieren Sie dann Ihre Gedanken neu, um eine ausgewogenere Perspektive zu erhalten. Wenn Sie denken: „Diese Networking-Veranstaltung ist Zeitverschwendung; niemand wird mit mir reden", erinnern Sie sich: „Ich kann diese Veranstaltung wertvoll machen. Ich werde neue Leute kennenlernen und etwas über ihre Erfahrungen erfahren."

Manchmal ist es so einfach, eine neue Perspektive zu gewinnen, indem man sich fragt: „Welchen Rat würde ich einem Freund in dieser Situation geben?" Dieser Ansatz kann dazu beitragen, die emotionale Spannung etwas abzubauen und Ihnen ein rationaleres Denken zu ermöglichen. Wenn negative Gedanken bestehen bleiben, versuchen Sie, Ihren Fokus durch eine kurze

Aktivität zu verlagern, etwa einen Spaziergang oder die Organisation Ihres Arbeitsplatzes.

3. Kultivieren Sie eine positive Stimmung

Wenn Menschen sich deprimiert fühlen, neigen sie oft zu Verhaltensweisen, die ihren negativen Zustand aufrechterhalten, wie zum Beispiel, sich zu isolieren, gedankenlos durch ihr Telefon zu scrollen oder sich zu beschweren. Diese Aktionen verstärken nur die schlechte Laune.

Ergreifen Sie proaktive Maßnahmen, um Ihren emotionalen Zustand zu verbessern. Denken Sie über Aktivitäten nach, die Ihre Stimmung heben, wenn Sie glücklich sind, und integrieren Sie sie in Ihre Routine, wenn Sie sich deprimiert fühlen. Dies kann so einfach sein, wie einen Freund anzurufen, um über positive Themen zu sprechen, einen gemütlichen Spaziergang zu machen, kurz zu meditieren oder inspirierende Musik zu hören.

4. Schaffen Sie Platz für sich

Während es nicht ratsam ist, sich ständig zu isolieren, kann es hilfreich sein, sich Zeit für sich zu nehmen, um Emotionen ohne Ablenkung zu verarbeiten. Diese Einsamkeit ermöglicht es Ihnen, Ihre Gefühle zu verstehen und schrittweise darauf einzugehen. Es kann Ihnen helfen, innere Ruhe zu finden und Ihre Emotionen besser zu bewältigen.

Wenn Sie mit einem Konflikt in einer Beziehung zu kämpfen haben, meiden Sie die andere Person nicht vollständig. Kommunizieren Sie stattdessen Ihr Bedürfnis nach Platz, indem Sie zum Beispiel sagen: „Ich möchte dieses Problem konstruktiv angehen. Kann ich etwa dreißig Minuten allein Zeit haben, um mich abzukühlen, damit wir es gemeinsam lösen können?"

5. Vermeiden Sie Auslöser

Jede Emotion hat spezifische Auslöser. Um Ihre Emotionen effektiver zu verwalten, identifizieren Sie diese Auslöser und vermeiden Sie sie nach Möglichkeit. Wenn Sie beispielsweise oft wütend sind und sich nicht wertgeschätzt fühlen, vermeiden Sie Situationen, in denen Sie sich möglicherweise nicht respektiert fühlen.

Wenn Sie mit beziehungsbezogenen Auslösern zu tun haben, kann es eine produktive Möglichkeit sein, das Problem anzugehen, indem Sie mit der Person, die sie auslöst, über Ihre Gefühle sprechen.

6. Üben Sie Selbstfürsorge

Ihr emotionaler Zustand wird durch verschiedene Faktoren wie Stress, Isolation und mangelnde Schlafqualität beeinflusst. Daher ist Selbstfürsorge für das allgemeine Wohlbefinden von entscheidender Bedeutung.

Die Forschung unterstreicht die Bedeutung des Schlafs für die emotionale Gesundheit. Ohne ausreichend Ruhe fällt es Ihrem Gehirn schwer, Emotionen zu verarbeiten und fundierte Entscheidungen zu treffen. Umgekehrt können schlechte emotionale Zustände den Schlaf stören. Um diesen Kreislauf zu durchbrechen, etablieren Sie gesunde Gewohnheiten.

Entwickeln Sie beispielsweise eine Schlafenszeitroutine, die Bewegung, Duschen und Lesen umfasst, um sich zu entspannen. Auch kreative Aktivitäten wie Zeichnen oder Musizieren können negative Gedanken beruhigen und verhindern, dass Sie bei kleineren Problemen überreagieren.

Durch diese Schritte können Sie eine bessere Kontrolle über Ihre Emotionen erlangen, was zu einer besseren Entscheidungsfindung, gesünderen Beziehungen und einem ausgeglicheneren Leben führt. Regelmäßiges Üben dieser Techniken wird Sie in die Lage versetzen, die Herausforderungen des Lebens leichter und belastbarer zu meistern.

Waren Sie jemals in einem endlosen Kreislauf sich wiederholender Gedanken gefangen und konnten nicht entkommen? Das ist Grübeln – ein mentales Muster, das uns in der Vergangenheit verankern oder uns Angst vor der Zukunft machen kann. Der Ausstieg aus dem Grübeln ist jedoch nicht nur möglich, sondern auch unerlässlich für die Erhaltung eines gesunden Geistes.

Grübeln ist wie eine kaputte Schallplatte, die endlos dieselbe negative Melodie in unserem Kopf abspielt. Dabei geht es darum, sich zwanghaft auf negative Gedanken zu konzentrieren, vergangene Ereignisse noch einmal aufzuwärmen oder sich Sorgen über zukünftige Ungewissheiten zu machen. Diese mentale Schleife kann uns daran hindern, voranzukommen, ähnlich wie ein Strudel, der uns in ein Meer der Negativität zieht. Je mehr wir grübeln, desto stärker wird die Strömung, wodurch es immer schwieriger wird, ruhigere Gewässer zu erreichen. Dieser schädliche Kreislauf kann zu erhöhtem Stress, Angstzuständen und einem Gefühl der Hilflosigkeit führen. Aus diesem Kreislauf auszubrechen ist entscheidend für unser geistiges Wohlbefinden.

Erkennen der Zeichen

Der erste Schritt zur Überwindung des Grübelns besteht darin, die Anzeichen zu erkennen. Stellen Sie sich das so vor, als würden Sie dunkle Wolken am Horizont entdecken, die auf einen herannahenden Sturm hinweisen. Häufige Anzeichen von Grübeln sind sich wiederholende Gedanken, übermäßige Selbstkritik und eine anhaltende Konzentration auf Probleme, ohne nach Lösungen zu suchen. Wenn wir uns dieser Anzeichen bewusst werden, können wir proaktive Maßnahmen ergreifen, um einzugreifen.

Achtsamkeit: Verankerung in der Gegenwart

Achtsamkeit fungiert als sanfter Anker, der uns im gegenwärtigen Moment festhält. Wenn wir im Grübeln versunken sind, verweilen unsere Gedanken oft in der Vergangenheit oder machen uns Sorgen über die Zukunft. Achtsamkeit bedeutet, auf das Hier und Jetzt zu achten – unsere Gedanken ohne Urteil zu beobachten. Es ist, als würde man aus dem Whirlpool heraustreten und festen Boden betreten. Das Praktizieren von Achtsamkeit kann uns helfen, aus dem Kreislauf des Grübelns auszubrechen, indem wir unseren Fokus wieder auf die Gegenwart richten.

Die Gedankenschleife durchbrechen

Stellen Sie sich Ihre Gedanken wie einen Zug vor, der auf einer Strecke fährt. Grübeln ist wie ein Zug, der in einer Schleife stecken bleibt und endlos dieselben negativen Gedanken umkreist. Um diese Schleife zu durchbrechen, leiten Sie den Zug auf ein neues Gleis um. Wenn negative Gedanken aufkommen, richten Sie Ihren Fokus bewusst auf etwas Positives oder nehmen Sie an einer Aktivität teil, die Ihnen Freude bereitet. Dieser kleine, aber wirkungsvolle Schritt kann dazu beitragen, den sich wiederholenden Kreislauf des Grübelns zu durchbrechen.

Mit Sorge Grenzen setzen

Sich Sorgen zu machen ist wie ein hartnäckiger Besucher, der an unsere geistige Tür klopft. Während einige Sorgen berechtigt sind, können übermäßige Sorgen das Grübeln anheizen. Beim Setzen von Grenzen bei Sorgen geht es darum, bestimmte Zeiten für die Bewältigung von Bedenken einzuplanen, ähnlich wie bei der Vereinbarung eines Termins mit diesem besorgten Besucher. Indem Sie sagen: „Ich höre Ihnen zu, aber nur während unserer geplanten Zeit“, können Sie verhindern, dass aufdringliche Sorgen Ihre Gedanken den ganzen Tag über beherrschen.

Problemlösung: Gedanken in Taten umsetzen

Beim Grübeln geht es oft darum, über Problemen nachzudenken, ohne nach Lösungen zu suchen. Problemlösung ist, als würde man ein Schiff vor einem Sturm retten. Wenn Sie vor einer Herausforderung stehen, teilen Sie diese in kleinere, überschaubare Schritte auf. Konzentrieren Sie sich auf das, was Sie kontrollieren können, und akzeptieren Sie, was Sie nicht können. Dieser proaktive Ansatz verwandelt Grübeln in konstruktive Problemlösung und ermöglicht es Ihnen, Maßnahmen zu ergreifen, anstatt sich nur Sorgen zu machen.

Eine Dankbarkeitspraxis kultivieren

Dankbarkeit ist wie Sonnenschein, der durch die Wolken der Negativität bricht. Zur Kultivierung einer Dankbarkeitspraxis gehört es, regelmäßig über die positiven Aspekte Ihres Lebens nachzudenken. Es geht nicht darum, Schwierigkeiten zu leugnen, sondern Ihren Fokus auf das zu richten, was Sie schätzen. Das Aufschreiben von drei Dingen, für die Sie jeden Tag dankbar sind, ist eine einfache, aber effektive

Möglichkeit, sich vom Grübeln zu lösen und eine positivere Einstellung zu entwickeln.

Sich an zielgerichteten Aktivitäten beteiligen

Stellen Sie sich Grübeln als einen Nebel vor, der Ihre Sicht verdeckt. Die Ausübung zielgerichteter Aktivitäten ist wie ein Windstoß, der den Nebel vertreibt. Gehen Sie Aktivitäten nach, die Ihnen Freude, Sinn und Erfolgserlebnisse bereiten – sei es ein Hobby, Zeit mit Ihren Lieben verbringen oder einen Beitrag zu einer guten Sache leisten. Diese Aktivitäten können den Grübelzyklus unterbrechen und positive Impulse in Ihr Leben bringen.

Gewinnen Sie die Kontrolle über Ihre Gedanken

Ihre Gedanken spielen eine große Rolle dabei, wie Sie das Leben erleben. An jedem Tag haben Sie etwa 70.000 Gedanken, und wissen Sie was? Etwa 80 % davon sind nicht sehr positiv. Diese negativen Gedanken können Ihren Geist durcheinander bringen und dazu führen, dass Sie selbst auf kleine Dinge schlecht reagieren.

Zu lernen, mit diesen Gedanken umzugehen, ist der Schlüssel zum Umgang mit Ihren Gefühlen und zum Finden dauerhaften Friedens. Aber bevor Sie die

Kontrolle übernehmen können, müssen Sie zugeben, dass Ihr Geist wie ein Haus voller Unerwünschter ist „Hausbesetzer“ Wer bringt deine Gedanken durcheinander? Um sie rauszuschmeißen, müssen Sie verstehen, wer sie sind und was sie wollen.

Hier ist ein genauerer Blick auf die vier Hauptunruhestifter in Ihrem Kopf, die diese negativen Gedanken verursachen:

1. Der innere Kritiker

Wir alle haben eine kleine Stimme in unserem Kopf, die uns Feedback gibt. Diese Stimme entwickelt sich oft schon in jungen Jahren, beeinflusst von unseren Eltern, Lehrern und Freunden. Für manche kann dieser innere Kritiker sehr hart sein und uns ständig kritisieren und herabsetzen.

Was macht der innere Kritiker?

- Wiederholt verletzende Dinge aus unserer Vergangenheit, wie etwa Kommentare von Eltern oder Lehrern.
- Erzählt uns negative Dinge über uns selbst oder Situationen.
- Konzentriert sich darauf, was andere über uns denken oder was wir tun sollten.

- Zieht Vergleiche mit Prominenten oder Personen an, die wir im Fernsehen sehen.

- Weckt Gefühle der Ablehnung oder des Versagens aufgrund vergangener Erfahrungen.

Der innere Kritiker kann dazu führen, dass Sie sich ängstlich und schuldig fühlen und das Gefühl haben, nie genug zu sein.

2. Der Besorgniserregende

Der Besorgniserregende ist immer auf die Zukunft fokussiert und beschäftigt sich mit „Was-wäre-wenn"-Szenarien, die wahrscheinlich nicht eintreten werden. Dieser Teil von Ihnen wird von Ängsten getrieben, die oft keine Grundlage in der Realität haben. Es ist, als hätte man ständig Angst vor Dingen, die schief gehen könnten.

Was macht der Besorgniserregende?

- Konzentriert sich auf zukünftige Probleme und „Was-wäre-wenn"-Situationen.

- Schürt Ängste und Befürchtungen, die vielleicht gar nicht eintreten.

- Hält Sie nachts wach und denkt über mögliche Katastrophen nach.

Um mit Sorgen umzugehen, müssen Sie erkennen, wann Sie zu viel nachdenken, und Wege finden, diese Ängste zu beruhigen.

3. Der Reaktor oder Unruhestifter

Der Reaktor oder Unruhestifter ist der Teil von Ihnen, der über Dinge aus der Vergangenheit wütend oder frustriert ist. Selbst kleine Erinnerungen an vergangene Verletzungen, wie bestimmte Gefühle oder Geräusche, können diesen Teil auslösen. Es kann dazu führen, dass Sie auf eine Weise reagieren, die Sie später möglicherweise bereuen.

Was macht der Reaktor?

- Löst Frustration und Wut aufgrund vergangener Erfahrungen aus.
- Reagiert stark auf Dinge, die Sie an vergangene Schmerzen erinnern.
- Es fällt Ihnen schwer, ruhig zu bleiben und gute Entscheidungen zu treffen.

Um den Reaktor zu verwalten, müssen Sie Wege finden, mit alten Wunden umzugehen und zu vermeiden, dass vergangene Probleme Ihre gegenwärtigen Reaktionen kontrollieren.

4. Der Schlafentzug

Der Schlafentzug ist eine Gruppe von Gedanken und Gefühlen, die Sie nachts wach halten. Es besteht aus dem Aufwärmer (der über die Ereignisse des Tages nachdenkt), dem inneren Planer (der darüber nachdenkt, was auf ihn zukommt) und dem Ruminator (der sich mit negativen Gedanken beschäftigt).

Was bewirkt der Schlafentzug?

- Hält Sie mit Sorgen und negativen Gedanken wach.
- Verursacht schlaflose Nächte mit Stress, geringem Selbstwertgefühl und Angstzuständen.
- Macht es schwierig, sich zu entspannen und gut zu schlafen.

Um mit dem Schlafentzug umzugehen, müssen Sie tagsüber Ihre Gedanken und Gefühle im Griff haben, damit Sie nachts nicht wach bleiben.

Nachdem Sie nun wissen, wer die Unruhestifter sind, erfahren Sie hier, wie Sie Ihre Gedanken in den Griff bekommen:

1. Achten Sie auf Ihre Gedanken

Beginnen Sie damit, sich den ganzen Tag über Ihrer Gedanken bewusst zu sein. Nehmen Sie wahr, wenn diese negativen Gedanken auftauchen, und erkennen

Sie, was passiert. Bewusstsein ist der erste Schritt zur Veränderung.

2. Bewältigen Sie negative Gedanken

Wenn Ihnen ein negativer Gedanke auffällt, haben Sie im Wesentlichen zwei Möglichkeiten:

Plan A: Unterbrechen und ersetzen

Wenn Ihnen ein negativer Gedanke auffällt, können Sie ihn hinterfragen und durch etwas Positives ersetzen. Wenn Sie beispielsweise denken: „Ich bin darin schrecklich", ändern Sie es in „Ich lerne und verbessere mich."

Plan B: Wirf sie endgültig raus

Für eine nachhaltigere Veränderung sollten Sie regelmäßig daran arbeiten, negative Gedanken durch positive zu ersetzen. Dazu gehört, dass Sie Ihre Denkmuster im Laufe der Zeit ändern, sodass positive Gedanken zu Ihrem Standard werden.

3. Programmieren Sie Ihren Geist neu

Um positives Denken zu Ihrer neuen Gewohnheit zu machen, üben Sie, negative Gedanken zu ersetzen, wann immer sie auftauchen. Mit der Zeit wird Ihnen diese Übung dabei helfen, auf natürliche Weise positiver zu denken.

Indem Sie die Hauptunruhestifter in Ihrem Kopf verstehen und lernen, mit Ihren Gedanken umzugehen, können Sie beginnen, sich vom negativen Denken zu befreien. Dieser Prozess erfordert Zeit und Übung, ist aber eine wirksame Möglichkeit, Ihr emotionales Wohlbefinden zu verbessern und inneren Frieden zu finden.

Fragen zur Selbstreflexion

1. Welche wiederkehrenden negativen Gedanken bemerken Sie bei sich?

____

____

____

____

2. Wie beeinflussen Ihre Gedanken Ihre Emotionen und Verhaltensweisen?

____

____

____

____

3. Mit welchen Techniken haben Sie versucht, Ihre Gedanken zu verwalten oder zu ändern?

____

____

____

____

4. Wie wirkt sich Grübeln auf Ihr geistiges und emotionales Wohlbefinden aus?

____

____

____

____

5. Welche Strategien können Sie anwenden, um Ihre Gedanken besser zu kontrollieren?

____

____

____

____

____

Transformative Übungen

1. Führen Sie ein Tagebuch, um negative Gedanken aufzuzeichnen und Muster und Auslöser zu erkennen.

2. Üben Sie, negative Gedanken in positivere oder neutralere umzuwandeln.

3. Nehmen Sie an täglichen Achtsamkeitsübungen teil, um Ihre Gedanken ohne Urteilsvermögen zu beobachten und zu verwalten.

4. Erstellen Sie eine Liste positiver Affirmationen, um negativen Denkmustern entgegenzuwirken.

5. Denken Sie darüber nach, wie bestimmte Gedanken zu bestimmten Emotionen führen, und erkunden Sie alternative Perspektiven.

KAPITEL 6

LOSLASSEN

Jeder von uns trägt eine einzigartige Geschichte in sich. Unsere Erfahrungen, Entscheidungen, Kämpfe und Siege prägen diese Erzählung und spiegeln wider, wer wir sind und wie wir die Welt wahrnehmen. Doch manchmal vergessen wir, dass unsere Geschichte einzigartig ist. Wir beginnen, uns mit anderen zu vergleichen und fühlen uns unzulänglich oder weniger wert. Wir verweilen bei vergangenen Fehlern und Bedauern, werden übermäßig kritisch und ignorieren gleichzeitig unsere Stärken und Erfolge. Dieser negative Kreislauf kann zu Hoffnungslosigkeit führen und uns vergessen lassen, dass bessere Tage vor uns liegen.

Diese Denkweise ist nicht gesund. Es raubt uns Glück, inneren Frieden und Selbstvertrauen. Es hindert uns daran, unsere emotionalen Wunden zu heilen und voranzukommen. Es steht uns im Weg, unser volles Potenzial auszuschöpfen und unser Ziel zu verwirklichen.

Wie können wir diese Denkweise ändern? Wie können wir unsere einzigartige Reise annehmen und von vergangenen Verletzungen heilen?

Begrüßen Sie Ihre einzigartige Reise

Jeder von uns geht einen einzigartigen Weg im Leben. Keine zwei Menschen erleben die gleiche Reise. Unsere Umstände, Chancen und Herausforderungen sind unterschiedlich. Unsere Träume, Ziele und Werte variieren. Unsere Stärken, Schwächen und Persönlichkeiten sind einzigartig. Daher ist es sinnlos, uns mit anderen zu vergleichen oder unseren Wert anhand ihrer Maßstäbe zu beurteilen. Wir stehen mit niemandem im Wettbewerb. Wir befinden uns auf unserer persönlichen Reise und es ist wichtig, sie als das zu würdigen, was sie ist.

Aus der Vergangenheit lernen

Die Vergangenheit kann nicht geändert werden. Was getan ist, ist getan. Wir haben nicht die Macht, es rückgängig zu machen oder zu verbessern. Die einzige Möglichkeit besteht darin, daraus zu lernen und zu wachsen. Wenn wir über vergangene Ereignisse nachdenken, verstärken sich nur unsere Schuld-, Scham-, Wut- oder Bitterkeitsgefühle, die unser Wachstum und unseren Fortschritt behindern. Anstatt uns auf die Vergangenheit zu konzentrieren, sollten wir uns auf die Gegenwart und Zukunft konzentrieren. Wir müssen die Dinge akzeptieren, die wir nicht ändern können, und an denen arbeiten, die wir ändern können. Es ist von entscheidender Bedeutung, uns selbst und anderen Fehler und Verletzungen zu vergeben. Wir müssen den Ballast loslassen, der uns zurückhält, und uns von seiner Last befreien.

Gehen Sie vorsichtig mit Ihren Emotionen um

Unsere Emotionen sind wertvoll und bedeutsam. Sie zeigen unsere Wünsche, Bedürfnisse und Werte. Sie sagen uns, was in unserem Leben gut oder falsch läuft. Sie sind ein entscheidender Teil unserer Identität und unseres Selbstausdrucks. Daher ist es wichtig, unsere Emotionen nicht zu ignorieren, zu unterdrücken oder zu leugnen. Sich selbst dafür zu verurteilen, zu kritisieren oder zu beschämen, ist kontraproduktiv. Allerdings sollten wir uns auch nicht von ihnen überwältigen oder kontrollieren lassen. Stattdessen sollten wir unsere Gefühle anerkennen, akzeptieren und auf gesunde Weise ausdrücken. In schwierigen Zeiten ist es wichtig, Hilfe und Trost zu suchen. Wir müssen uns selbst mit Freundlichkeit und Mitgefühl behandeln, so wie wir es mit einem Freund tun würden.

Feiern Sie Ihren Fortschritt

Wir unterschätzen oder übersehen oft unsere Leistungen und Erfolge. Wir konzentrieren uns auf das, was wir nicht erreicht haben oder was wir hätten besser machen können. Wir schätzen nicht, was wir haben oder welche Fähigkeiten wir besitzen. Wir vergessen, wie sehr wir im Laufe der Zeit gewachsen und verändert sind. Das ist unfair gegenüber uns selbst und unserer Reise. Es ist wichtig, jeden Erfolg und jede noch so kleine Errungenschaft zu feiern. Wir müssen die Mühe und das Engagement anerkennen, die wir investiert haben, egal wie einfach es schien. Unsere Talente und Gaben, ob gewöhnlich oder selten, verdienen unsere Wertschätzung. Unsere Fortschritte und Verbesserungen, ob langsam oder schnell, verdienen unsere Anerkennung. Der Weg ist oft wichtiger als das Ziel.

Glauben Sie an bessere Tage

Das Leben verläuft nicht immer reibungslos. Es hat seine Höhen und Tiefen, Momente der Freude und Trauer, Siege und Herausforderungen. Es gibt Zeiten der Zufriedenheit und Zeiten der Leere, Zeiten des Erfolgs und Zeiten der Schwierigkeit. Wir erleben Verluste und Gewinne, Abschiede und Neuanfänge. Auf Momente der Verzweiflung folgen Momente der Hoffnung und Ermächtigung. Das liegt in der Natur des Lebens, etwas, dem wir nicht ausweichen oder dem wir entkommen können. Wir können uns daran erinnern, dass nichts dauerhaft ist:

Alles ändert sich.

Irgendwann geht alles vorbei.

Alles findet Heilung.

Bessere Tage stehen vor der Tür.

Wir müssen nur durchhalten, weitermachen und Vertrauen haben.

Die meiste Zeit meines Lebens war Vergebung ein Fremdwort. Ich bin mit dem Glauben aufgewachsen, dass Vergebung bedeutet, Schwäche zu zeigen, und ich habe denen, die mich verletzt haben, ganz bestimmt nicht vergeben.

Ich suchte immer nach Rache und dachte, es sei gerechtfertigt. Ich hab mich geirrt.

Eine lebhafte Erinnerung beinhaltet einen grausamen Streich. Eine Gruppe von Männern verbreitet falsche Gerüchte über die Beziehung eines jungen Mannes. Um sein Gesicht zu wahren, tat er so, als würde er mich mögen und flirtete mit mir. Da ich mir des Streichs nicht bewusst war, erwiderte ich ihn. Als ich die Wahrheit erfuhr, war ich am Boden zerstört und gedemütigt. Angetrieben von Wut suchte ich nach Rache. Ich enthüllte den Streich seiner Freundin, konfrontierte ihn bei ihm zu Hause und sah zu, wie ihr Streit eskalierte.

Anfangs fühlte ich mich triumphierend, aber bald folgten Schuldgefühle. Ich hatte unbeabsichtigt dafür gesorgt, dass jemand obdachlos und mit gebrochenem Herzen wurde. Mir wurde klar, dass meine Handlungen zwar verständlich waren, mein Ansatz jedoch falsch war.

Mit der Zeit lernte ich die transformative Kraft der Vergebung kennen – sowohl für andere als auch für mich selbst.

Vergebung ist ein tiefes Geschenk an einen selbst. Es befreit, reduziert die Wut und öffnet die Tür zu positiven Erfahrungen.

In meinem Leben wurde ich verletzt, habe andere verletzt und musste erhebliche Verluste hinnehmen. Ich habe Fehler gemacht und Härten ertragen. Mir wurde jedoch klar, dass das Nachdenken über die Vergangenheit und das Hegen von Wut meinen Fortschritt behinderten. Vergebung ist der Weg nach vorne.

Angst hindert uns oft daran zu vergeben – Angst davor, schwach zu wirken oder erneut verletzt zu werden. Doch diese Ängste halten uns davon ab, ein liebevolles, offenes Leben zu führen.

Vergebung ist eine Kunst, eine Fähigkeit, die es zu kultivieren gilt. Es ist eine lebenslange Reise, auf der uns ständig neue Situationen auf die Probe stellen. Jede Herausforderung bietet Wachstum und eine Chance, zu einem besseren Leben aufzuwachen.

Früher war ich wütend auf die Welt, meine Familie und mich selbst. Manches Verhalten bereue ich, aber ich glaube, dass eine Verhaltensänderung die beste Form der Entschuldigung ist. Ich habe die Art und Weise verändert, wie ich andere behandle und wie ich auf Verletzungen reagiere.

Mit Hingabe und Meditation arbeite ich ständig an der Vergebung. Wenn schmerzhafte Erinnerungen wieder auftauchen, antworte ich mit Liebe. Liebe ist der Weg zu einem besseren Leben. Durch die Liebe finden wir die Kraft zu vergeben.

Ich lasse die Wut los, weil sie mir nicht nützt. Wenn Eifersucht oder Ärger aufkommt, vergebe ich mir. Vergebung ist ein Akt der Selbstliebe.

Sich mit schmerzhaften Erinnerungen auseinanderzusetzen, kann eine Herausforderung sein, aber die Vorteile überwiegen bei weitem das Unbehagen. Während wir Barrieren auflösen, begrüßen wir Liebe und neue Möglichkeiten. Das Festhalten an der Wut hält uns gefangen und verursacht selbst zugefügten Schmerz. Warum uns weiterhin verletzen?

Jetzt lache ich über meine Fehler, anstatt wütend zu werden. Ich beschimpfe mich nicht für Fehler und werde auch nicht so wütend auf andere.

Ich lerne, denen zu vergeben, die mir Unrecht tun, selbst in trivialen Situationen, etwa wenn ich Autofahrer nerve. Lügen und lange Warteschlangen verunsichern mich nicht mehr.

Es ist nicht einfach und ich kämpfe, aber ich übe. Es ist zwecklos, den Ärger zu unterdrücken. Wenn ich schwanke, verzeihe ich mir selbst und konzentriere mich darauf, es beim nächsten Mal besser zu machen. Ich lasse negative Emotionen und Erinnerungen los, weil sie nicht zu mir gehören.

Um wirklich glücklich zu sein, müssen wir Vergebung annehmen. Wenn Wut aufkommt, gehen Sie liebevoll damit um.

Wenn vergangene Verletzungen wieder auftauchen, stelle ich mich ihnen, hülle sie in Licht und lasse beim Ausatmen Negativität los.

Eine sofortige Vergebung ist nicht immer möglich; manchmal braucht es Zeit. Aber ich gebe mir diese Zeit, weil Vergebung den Giften entgegenwirkt, die uns körperlich, geistig und emotional schaden.

Wenn Sie bereit sind, werden Sie die Freiheit der Vergebung verstehen. Verzeihen Sie sich selbst für unerfüllte Standards, Ihrem Ex für seine verletzenden Handlungen und anderen für ihre Fehler. Das Festhalten an der Wut belastet dich, aber Vergebung gibt dir ein leichtes Gefühl. Es öffnet Sie für die Güte, die das Leben bietet.

Fragen zur Selbstreflexion

1. An welchen Wunden oder Beschwerden der Vergangenheit halten Sie fest?

____

____

____

____

2. Wie hat sich das Festhalten an Wut oder Groll auf Ihr Leben ausgewirkt?

____

____

____

____

3. Was bedeutet Vergebung für Sie und wie kann sie Ihrem Heilungsprozess zugute kommen?

____

____

____

____

4. Wem in Ihrem Leben müssen Sie vergeben, auch sich selbst?

____

____

____

____

5. Welche Schritte können Sie unternehmen, um den Prozess des Loslassens einzuleiten?

____

____

____

____

Transformative Übungen

1. Schreiben Sie einen Brief an jemanden, dem Sie vergeben müssen, und drücken Sie dabei Ihre Gefühle und Absichten aus, auch wenn Sie ihn nie absenden.

2. Erstellen Sie ein Ritual, um das Loslassen zu symbolisieren, z. B. das Aufschreiben Ihrer Beschwerden und das Verbrennen des Papiers.

3. Integrieren Sie eine tägliche Dankbarkeitspraxis, um den Fokus von vergangenen Verletzungen auf gegenwärtige Segnungen zu verlagern.

4. Üben Sie eine geführte Meditation, die sich auf Selbstvergebung und die Befreiung von Schuldgefühlen konzentriert.

5. Beteiligen Sie sich an zufälligen, freundlichen Taten, um eine nachsichtige und mitfühlende Geisteshaltung zu entwickeln.

Am Ende dieses Buches „Getting Over What Hurts You" hoffe ich, dass Sie auf den Seiten Trost, Führung und Ermächtigung gefunden haben. Die Heilung vergangener Wunden ist kein linearer Prozess; Es ist eine Reise, die von Höhen und Tiefen, Momenten der Klarheit und Verwirrung geprägt ist. Doch denken Sie bei jedem Schritt daran, dass Sie nicht allein sind. Ihre Reise ist einzigartig und Ihr Mut, sich Ihren Wunden zu stellen und sie zu heilen, ist ein Beweis für Ihre Stärke.

In diesem Buch haben wir uns mit den Tiefen des Traumas, dem Weg zur Ganzheit, der Bedeutung des Fühlens und Akzeptierens unserer Gefühle und der Kraft der Vergebung befasst. Jedes Kapitel soll Ihnen helfen, die Komplexität Ihrer Erfahrungen zu entdecken und zu verstehen, und gleichzeitig praktische Werkzeuge und Übungen zur Verfügung stellen, die Sie auf Ihrem Heilungsweg unterstützen.

Ich ermutige Sie, weiterhin die Selbstreflexionsfragen und Transformationsübungen aus jedem Kapitel zu üben. Diese Hilfsmittel dienen nicht nur der sofortigen Linderung, sondern auch der langfristigen Heilung und dem Wachstum. Pflegen Sie weiterhin Ihren Körper,

Geist und Ihre Seele. Umarmen Sie Ihre Gefühle, vergeben Sie sich selbst und anderen und entwickeln Sie eine Geisteshaltung der Liebe und des Mitgefühls.

Denken Sie daran, dass Heilung ein fortlaufender Prozess ist. Seien Sie geduldig mit sich selbst und feiern Sie jeden Schritt vorwärts, egal wie klein er ist. Sie haben die Macht, Ihren Schmerz in Stärke, Ihre Wunden in Weisheit und Ihre Kämpfe in Widerstandskraft umzuwandeln.

Wenn dieses Buch Ihr Leben berührt und zu Ihrer Heilungsreise beigetragen hat, bitte ich Sie freundlich, Ihre Erfahrungen mit anderen zu teilen. Ihre positive Bewertung und eine nette Bewertung auf Amazon würden mir sehr viel bedeuten. Es wird nicht nur meine Arbeit unterstützen, sondern auch anderen helfen, die auf ihrem Weg zur Heilung nach Führung und Trost suchen.

Vielen Dank, dass Sie mich an Ihrer Reise teilhaben lassen. Auf Ihr weiteres Wachstum, Ihre Heilung und das schöne Leben, das vor Ihnen liegt.

Mit tiefster Dankbarkeit und den besten Wünschen,

Katy